JN097510

子どもと教師の

ウェルビーイングを実現する
カリキュラム・マネジメント

田村知子・村川雅弘・吉冨芳正・西岡加名恵

編著

ぎょうせい

はしがき

　私がずっと大切にしている書籍が2冊ある。1冊はE．フロム『自由からの
逃走』である。ワイマール憲法を制定したドイツの民衆が、なぜ、ナチズムを
いとも簡単に受け入れ従ったのかが解き明かされる。同書では、支配者と被支
配者の共依存関係—フロムは「権威主義」と名付けた—について議論される。
自由であることはラクではない。そこから逃走し、思考を停止し、他者に身を
任せたくなることもある。しかし、自由から逃走すれば何が起こるのか？

　もう1冊はI．イリッチ『脱学校の社会』である。ここでの教訓は「価値」
と「制度」の同一視である。私たちは健康になりたいと思う。だから病院を建
設する。それがいつしか、「健康＝病院」と同一視し、病院がないと健康が保
持できないように感じてしまうことがある。学校についても同様で、本来は
「学ぶこと＝学校に通うこと」ではないのに、学校に行くことそのものが自己
目的化してしまう。人は制度に依存すると、自分自身の本来の能力を低く見積
もってしまい、無力化につながるとイリッチは警告する。

　本書のテーマ「ウェルビーイング」と上の2冊との関係を述べねばなるまい。
ウェルビーイングは私たちの人権である。そして、何がウェルビーイングなの
か、という問いの答えには、本質的に私たちの主観が反映される。だからこ
そ、他者から決められ与えられた「権威ある」ウェルビーイングに留まりたく
ない。また、ウェルビーイングは価値である。その価値を実現するためのカリ
キュラム・マネジメントを追究する本書においては、価値と制度を混同したり
同一視したりしたくない。

　子どもも教職員も関係者も、自分自身と社会のウェルビーイングという価値
を自分自身の言葉で紡ぎ、自分自身の学びと生活の中で追求する機会とプロセ
スを実現し、その中で価値観とスキルを豊かに育て上げていくことができるよ
うな学校をめざしたい。カリキュラム・マネジメントは単なる「計画表作成」
ではない。私たちが実現したい価値を、協働的に深く考え、日々の実践の中で
追求する営みである。その営みの仲間を増やし、共にウェルビーイングを追求
するためのヒントを本書が提供できることを願う。

編著者を代表して　　田村知子

■ 目次 ■

はしがき

| 序章 |

ウェルビーイングを目指す学校づくりとカリキュラムマネジメント

大阪教育大学大学院連合教職実践研究科教授　田村知子

1　本書の目的

　本書の目的は、ウェルビーイングをカリキュラムマネジメントの目的・目標とプロセスに組み込んで論じ、その実践例を示すことである。カリキュラムマネジメントの概念は、1970年代より隆盛した教育課程経営論を基盤としながら、総合的な学習の時間が導入された1998/99の学習指導要領改訂を契機として、敢えてカタカナ用語に変換した上での研究が始まった。この頃、いわゆる「ゆとり教育」批判や学力論争が激化した。2000年には第1回PISA調査が実施され、2003年に学習指導要領が一部改訂された。その後、資質・能力ベースのカリキュラムへの移行により、教育行政が積極的に「カリキュラム・マネジメント」を推進するに至った（田村2018）。したがって、カリキュラムマネジメントの目的・目標には、「生きる力」、学力、資質・能力の育成が想定されることが主流であった。

　筆者は、ウェルビーイングの視点は以前からもっていた。例えば、カリキュラムマネジメントを行う理由として、「子ども、教職員、保護者等、学校に関わる人々の幸せ（Well-being）のためであり、よりよい社会の創造のため」（田村2021：3）と論じていたし、「限られた時間の中で、何が学校で教えられるべき知識として選ばれ、どのような資質・能力を育成することが求められているのか、それは誰の利害と関係しているのか、個々の子どもたちの現在と将来の幸せ（well-being）につながるものなのか、という問いは、カリキュラムに関わる者全てが問い続けるべきだろう」（田村2022：18）とも論じていた。しかしながら、これまで、正面からウェルビーイングをカリキュラムマネジメントの目的と捉えた議論を展開するには至らなかった。本書刊行を、筆者

自身を含む、学校に関わる全ての人にとって、ウェルビーイングの観点から、カリキュラムマネジメントの新たなあり方を展望する絶好の機会としたい。

2　なぜウェルビーイングなのか

　ウェルビーイングは、「身体的・精神的・社会的に良い状態にあること。短期的な幸福のみならず、生きがいや人生の意義などの将来にわたる持続的な幸福を含む概念」と定義される（中教審答申2023）。「主観的幸福感と客観的な生活・社会環境の両面に着目した価値観（櫻井2022：1）」である。

　20世紀は経済成長による社会の発展が目指されたが、それが人々の幸福に必ずしも直結しているわけではないことが明らかになり、さらには気候変動をはじめとして、経済成長がもたらす負の影響が強く意識されるようになった。2007年、OECD世界フォーラムで、経済成長に偏重した従来の尺度（GDP）に変わる、社会発展を測定する尺度の開発の必要性が宣言された。2008年にジョセフ・スティグリッツ（ノーベル経済学賞受賞）を委員長とする「経済パフォーマンスと社会の進歩の測定に関する委員会」が発足し、社会と個人の実態をより包摂的に測定するために、主観と客観の両面から生活の質（Quality of Life、QOL）を測る複数の指標を組み合わせる「ダッシュボード」が提案された（スティグリッツ報告書）。そして、OECDは2011年、「よりよい暮らしイニシアチブ」を発足させた。

　日本でも、2010年、「新成長戦略」において、「幸福度に直結する、経済・環境・社会が相互に高め合う、世界の範となる次世代の社会システムを構築し、それを深め、検証し、発信すべく、各国政府および国際機関と連携して、新しい成長および幸福度（well-being）について、調査研究を推進し、関連指標の統計の整備と充実を図る」ことが盛り込まれ、「幸福度に関する研究会」が発足した。2017年には「経済財政運営と改革の基本方針」（通称、骨太方針）に「人々の幸福感・効用など、社会のゆたかさや生活の質（QOL）を表す指標群（ダッシュボード）の作成に向け検討を行い、政策立案への活用を目指す」ことが盛り込まれた。2021年には11府省庁で「Well-beingに関する関係府省庁連絡会議」が設置され、Well-beingに関する取組みの推進に向けて、情報共有・連携強化・優良事例の横展開が目指されている。

　文部科学省においては、第3期教育振興基本計画（2018〜2022年度）において「自分には良いところがあると思う児童生徒の割合（客観指標）」等の指標が設定された。2023年6月に閣議決定された教育振興基本計画では、「日本社会に根差したウェルビーイングの向上」が提起され、「多様な個人それぞれが幸せや生きがいを感じるとともに、地域や社会が幸せや豊かさを感じられるものとなるための教育の在り方」「幸福感、学校や地域でのつながり、利他性、協働性、自己肯定感、自己実現等が含まれ、協調的要素と獲得的要素を調和的・一体的に育む」といった「日本発の調和と協調（Balance and Harmony）に基づくウェルビーイングを発信」することが謳われた。

3　子どものウェルビーイングと教師のウェルビーイング

　長い間、社会の発展指標にGDPが用いられたように、学校の成果指標は学力向上や合格率であった。学力向上や生徒の進路希望の実現はウェルビーイングの客観的な側面の一部ではあるが、私たちは学校生活における児童生徒の主観的な幸福感にも、より着目する必要があるだろう。将来の社会的・経済的成功のために、今は我慢して受験勉強するべき、といった高度経済成長期の価値観に基づくいわゆる「詰め込み教育」への生徒の反抗（反社会的行動、非社会的行動）や脱落（学びからの逃走：佐藤2000）を私たちは経験してきた。私自身、子ども時代は、同調圧力の強い学校文化（日本社会の文化でもあろう）に息苦しさを感じていた一人である。明治期に西欧から輸入された近代学校は、封建的身分制からの解放の役割を果たした一方で、その構造が孕む「隠れたカリキュラム」は、「大衆を一生耐えなければならない、けだるい反復的な仕事に慣れさせ、出席することの価値や時間の正確さ、一定の場所に静かに座っていることなどを教え、これが初期の産業社会を支える労働者を育成することに貢献」したと論じられている（イリッチ、東・小澤訳1977）ように、子どものウェルビーイングという観点からは論争的である。

　百合田（2023）は、OECDが示すwell-beingのフレームワーク（OECD、2011、2022）から、トレードオフ関係を見出した。例えば、現在の生活の豊かさのための二酸化炭素排出は、将来の持続可能性とのトレードオフ関係にある。学校では、多様で固有な子どものウェルビーイングと40人規模の学級全

体のスムーズな経営との両立は、必要であると言うのは易しいが、実際には教師の高い力量が必要で、油断するとトレードオフになりかねない。さらに、子どもの個別ニーズに寄り添おうとするほど教師は時間と力を注ぎ込むことになり、それが教師の私生活の時間を圧迫すれば、子どものウェルビーイングと教師のウェルビーイングのトレードオフ関係となる。現在と将来、個人と全体、子どもと教師、それぞれのウェルビーイングが充実すれば片方が低下するという二項対立のトレードオフ関係で捉えるのではなく、「どちらも」を目指したいが、実現は容易くはないだろう。

4　ウェルビーイングに迫るカリキュラムマネジメント

　ウェルビーイングの実現に向けた課題は多い。カリキュラムマネジメントは、ウェルビーイングの実現に迫る営みとなりうるのだろうか。「カリキュラム・マネジメント」は、2017年告示の学習指導要領の理念を実現するための鍵概念として、初めて「総則」に明記された。

「小学校学習指導要領（平成29年3月告示）」（一部抜粋） 総則　第1　小学校教育の基本と教育課程の役割 4　各学校においては、児童や学校、地域の実態を適切に把握し、教育の目的や目標の実現に必要な教育の内容等を教科等横断的な視点で組み立てていくこと、教育課程の実施状況を評価してその改善を図っていくこと、教育課程の実施に必要な人的又は物的な体制を確保するとともにその改善を図っていくことなどを通して、教育課程に基づき組織的かつ計画的に学校の教育活動の質の向上を図っていくこと（以下、「カリキュラム・マネジメント」という。）に努めるものとする。

　筆者自身は、四半世紀の研究の蓄積から、「各学校が教育目標を実現化するために、学校内外の諸条件・諸資源を開発・活用しながら、評価を核としたマネジメントサイクルによって、カリキュラム開発と実践を組織的に動態化させる、戦略的かつ課題解決的な組織的営為である」（田村2018）と定義している。本書では、組織的に解決するべき課題（課題は問題と必ずしも同一ではない）を、ウェルビーイングの実現と設定する。

　図1は、カリキュラムマネジメントをシステムと捉え、その全体像を視覚的に一覧できるよう、諸要素とその関係性を構造的に示した理論モデル図（カリ

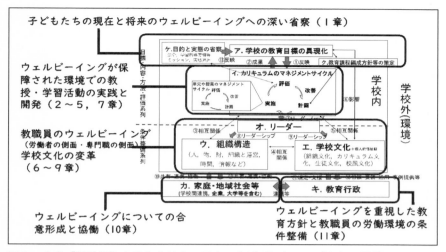

図1　本書「理論編」各章とカリキュラムマネジメント・モデルとの関係

キュラムマネジメント・モデル、田村2022他）をもとに、各要素と本書の理論編の各章との対応関係を示したものである。

　図中「ケ」は、なぜ、このカリキュラムを開発するのか？　という深い問いである。子どもや学校の実態、学校の存在意義（ミッション）やあり方そのものに対する省察を要求する。「ア」は、「ケ」に基づいて学校が定める具体的な学校の教育目標、育成したい資質・能力である。これらに、ウェルビーイングをどのように位置付けるのかを第1章で考察する。その目的・目標を達成するための教育課程編成や実施の方針が図中「ク」である。そして、実際のカリキュラムおよび授業について、どのような内容・方法・評価をどのように開発・改善するかのプロセスは「イ」である。本書では、第2章から第5章、第7章がそれにあたる。子どもの資質・能力の育成や将来のウェルビーイングの追究のみならず、学校での「今ここ」の学びそのものや学習環境がウェルビーイングであるための理論が示される。

　教育活動は真空空間で行われているわけではない。様々な人的（人員配置や研修）・物的（施設・設備、情報端末など）・時間的な資源、組織体制（学級編制や校務分掌、会議等）の条件整備面に規定されている（図中の「ウ」）。特に、教員の労働条件（客観的なウェルビーイング）はこれに規定されがちであ

る。それだけでなく、教職員、児童生徒、保護者や地域の人々が長期的に共有している「ものの見方・考え方や行動様式」の特徴、すなわち学校文化（図中の「エ」）もウェルビーイングを規定するだろう。家庭や地域社会、企業等による学校の教育課程への協力・支援（図中「カ」）は、豊かな社会関係資本としてウェルビーイングを増加させるだろう。逆に、地域貢献を主題とする「総合的な学習/探究の時間」などが地域等にウェルビーイングをもたらす場合もある。教育行政（文部科学省や教育委員会、図中「キ」）による規定や、人的・物的支援も学校の教育活動の土台となる。そして、これらの諸要素を総合的にマネジメントするのが「オ」のリーダーである。校長、副校長・教頭、主任層はもちろん、一般の教職員や学校外のコーディネーターが、対象となるカリキュラムに応じてリーダーシップを発揮する可能性がある。

　これらの諸要素は、各章で焦点化されて論じられるが、実のところは、カリキュラムマネジメントは諸要素が相互に連動するシステムであるため、各章においては、対応する要素以外の点も合わせて論じられている。

　事例編の実践は、ウェルビーイングを学校教育目標に掲げ正面から取り組む学校、学びの多様化学校の実践、昨今「ブラック」という評価が定着してしまった教員のウェルビーイングの向上に取り組む実践等が紹介される。各実践は、**図1**のモデルの全要素をカバーしたものであるが、各学校はそれぞれ実践の力点が異なるので、必ずしもモデルの要素全てについて均等に述べられるわけではない。

　これらの各論や実践事例のレイヤーを積み重ね、ウェルビーイングの実現に資するカリキュラムマネジメントのあり方や要点を本書全体で明らかにしたい。

【付記】
　学習指導要領をはじめ、行政文書では、「カリキュラム・マネジメント」と表記されるが、1998年前後から始まった学術的な研究においては、「カリキュラムマネジメント」という「・」のない表記で議論が展開されてきた。カリキュラムとマネジメントを分離せず「つなぐ」という意図も込められた用語である。筆者（田村）もその論者の一人である。本書は、学校の実践者、教育行政に携わる方々を主な読者と想定するため、行政文書に従い「カリキュラム・マネジメント」の表現を主とするが、田村の論考（序章、第1章）においては、「・」のない表記へのこだわりをご寛容いただきたい。

[引用文献]

・中央教育審議会「次期教育振興基本計画について（答申）（中教審第241号）2023年5月

・イリッチ、I.（東洋・小澤周三訳）『脱学校の社会』東京創元社、1977年

・櫻井義秀「第1章　ウェルビーイングとライフコース」櫻井義秀編著『ウェルビーイングの社会学』北海道大学出版会、2022年、pp.1-18

・佐藤学『「学び」から逃走する子どもたち』岩波書店、2000年

・田村知子「序章　日本のカリキュラム・マネジメントの現状と課題」原田信之編著『カリキュラム・マネジメントと授業の質保証』北大路書房、2018年、pp.1-33

・田村知子「カリキュラム・マネジメント推進にあたって」京都市教育委員会『カリキュラム・マネジメント実践報告書』2021年、pp.3-6

・田村知子『カリキュラムマネジメントの理論と実践』日本標準、2022年

・百合田真樹人「第1章　ウェルビーイングの生成と課題」独立行政法人教職員支援機構監修、本図愛実編著『日本の教師のウェルビーイングと制度的保障』ジダイ社、2023年、pp.28-37

第1部

理論編

Theory

| 第1章 |

あたらしい時代を創る学校教育目標

大阪教育大学大学院連合教職実践研究科教授　田村知子

1　教育振興基本計画による「日本社会に根差したウェルビーイング」

　教育振興基本計画（2023年6月、以下「基本計画」）は、そのコンセプトとして「持続可能な社会の創り手の育成」および「日本社会に根差したウェルビーイングの向上」を掲げた。ウェルビーイングとは身体的・精神的・社会的によい状態にあることをいい、短期的な幸福のみならず、生きがいや人生の意義など将来にわたる持続的な幸福を含むものである。また、個人のみならず、個人を取り巻く場や地域、社会が持続的によい状態であることを含む包括的な概念である。

　序章で述べたとおり、ウェルビーイングはGDPに代わる指標として世界的にも注目され、経済協力開発機構（OECD）の「ラーニング・コンパス2030」では、個人と社会のウェルビーイングは「私たちの望む未来（Future We Want）」であり、社会のウェルビーイングは共通の「目的地」とされている。そのような背景を踏まえつつ、今次基本計画に示された「日本社会に根差したウェルビーイング」は、内田由紀子氏の文化的幸福観研究の成果が強く反映され、日本的（アジア的でもある）特徴が強調されている。内田（2022）によれば、欧米では主体性や自尊心、独立を価値とする自己観を保持する傾向が強いのに対して、日本では、社会と自己の一体化や相互協調を重視する自己感を有する者が多い。内田は、このような文化的自己観を二分法的に捉える危険性を指摘しつつ、文化は主観的幸福感の基盤となると論じる。そして、現在の日本には、「個の独立」と「他者との協調」が過度に対立する場面が見られるとし、日本の心のあり方を「独立性と協調性の二階建てモデル」と分析する。すなわち、長く根付いてきた協調性が一階の基礎部分、その上の二階部分に、公

平で自由な競争等に対応する独立性が増設された、というモデルである（内田 2022：122-125）。

　基本計画では、個人が獲得・達成する能力や状態に基づくウェルビーイング（獲得的要素）を重視する欧米的な文化的価値観に対し、日本は「利他性、協働性、社会貢献意識など、人とのつながり・関係性に基づく要素（協調的要素）が人々のウェルビーイングにとって重要な意味を有している」とし、「ウェルビーイングの獲得的要素と協調的要素を調和的・一体的に育む日本発」の「調和と協調（Balance and Harmony）」に基づくウェルビーイングの考え方を提起し、国際的に発信しようとしている。「日本社会に根差したウェルビーイング」の要素として、以下が例示されている。

○幸福感（現在と将来、自分と周りの他者）　○学校や地域でのつながり
○協働性　○利他性　○多様性への理解　○サポートを受けられる環境
○社会貢献意識　○自己肯定感　○自己実現（達成感、キャリア意識など）
○心身の健康　○安全・安心な環境

2　各学校が設定する教育目標としてのウェルビーイング

　ウェルビーイングを学校の教育目標として掲げるのであれば、各学校がその内実を考える必要がある。本節では、そのための視点を論じたい。

　ウェルビーイングは、①時間軸（将来/現在）、②対象軸（個人/社会）をクロスさせて分析することができる（**図1**）。「将来」×「個人」は、従来より各学校、あるいは教師たちが願い、教育目標に掲げ続けてきた。学校では、未来に生きる子どもたちに必要と考えられる、教科等の知識やスキル、それらを活用する力、見方・考え方、教科等の基盤となる力（言語能力、問題解決能力、情報活用能力など）、いわゆる4C（コミュニケーション能力、批判的思考力、創造性、協働性）をはじめとした非認知能力といった資質・能力を育成することを目指してきた。基本計画では、個人のウェルビーイングを「支える要素」として、学力、学習環境、家庭環境、地域とのつながり、社会情動的スキルやいわゆる非認知能力の育成が挙げられている。

　次に、「将来」×「社会」の象限である。子どもたちが生きる未来の社会が持続可能でよりよいものとなるよう、社会の形成者の一人として必要と思われる

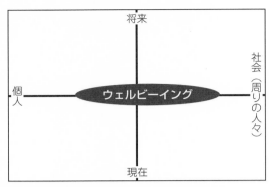

図1　目標としてのウェルビーイングを考察する枠組み（筆者作成）

市民性なども学校の教育目標に掲げられてきた。これらの観点は、従来から学校には存在したし、資質・能力ベースが強調された2019・2020年改訂学習指導要領のもとでは、一層具体的に取り組まれている。

　一方、「現在」×「個人」「社会」の象限については、従来は（特に受験での成功を過度に意識する場合）、よりよい将来の人生、成功のためには、今を犠牲にしてでも我慢して努力することが強調されることが多かった。ひいては、それが児童生徒の自尊感情の低さや不登校の一因となってきた面がある。児童生徒が、学校を卒業した後も、自らと自らの生きる社会のウェルビーイングを追求するためには、在学中に、ウェルビーイングな状態、環境を経験し、それを実感し認識することが有効ではないだろうか。これは、今さえよければいい、とか、ラクをさせる、といった意味ではない。むしろ、児童生徒自身が、現在の自分自身の状態や自分を取り巻く環境を、自分で、あるいは周囲の仲間や大人たちと一緒に創り出す努力を経験させるという意味である。この観点は、学習過程や学習環境づくりに関連する。

　なお、「社会（や周りの人々）」の観点からは、基本計画が「組織や社会を優先して個人のウェルビーイングを犠牲にするのではなく、個人の幸せがまず尊重されるという前提に立つことが必要」と述べていることに留意したい。

3　学校の教育目標を明確化・共有化することの意義

　公教育機関として組織的・計画的な教育を行う学校には、学校の教育目標の明確化・共有化は当然求められることではあるが、ここでは、教職員のウェルビーイングの観点から、その意義を論じてみたい。

　まず、教職員の働き方改革の観点である。基本計画は、学習者のウェルビーイングのためにも、教師自身のためにも、教師のウェルビーイングを確保することの必要性を指摘する。目標の明確化は、重点的に取り組むことの選択である。裏返せば、「行わないこと」の選択でもある。したがって、それらは学校で実現可能なレベルの「働き方改革」の指針ともなりうる。児童生徒のウェルビーイングを総合的に考えれば、それは、学校教育によって達成または接近が可能なものとそうではないものがある。学校の教育目標の策定にあたり、学校の役割を再考し、学校、家庭、地域、行政、その他の関係者がそれぞれ取り組むべきこと/取り組んだ方がよいこと、その役割分担と連携協働も考えたい。

　次に、教職員の「働きがい改革」の観点である。教職員一人一人の授業実践とそれらの相互作用の集積がその学校のカリキュラムである。教職員をはじめとした学校関係者に納得感をもって共有された学校の教育目標は、当該校の教育活動に筋を通す。教職員にとって、学校の教育目的・目標は、自らの能力と時間と努力を注ぐ方向性を明確にするものである。時間は、命そのものである（バークマン2022）。自らのかけがえのない「命の時間」を使うに値する対象について問いを立てることは、教員人生におけるウェルビーイングを自分自身で問うことでもある。教育の目的・目標は、教職員として個性と能力の発揮の方向性を示す。教職員が学校の教育目標やヴィジョンに納得できれば、働く意義をより強く感じられよう。そして、児童生徒の成長とウェルビーイングに対する自身の貢献を確認できれば、手応えややりがい、即ち「働きがい改革」につながる。そのためには、教育目標に応じた評価の視点や機会、管理職をはじめ、同僚や関係者、児童生徒等からの（特にポジティブな）フィードバックが得られる工夫（アンケート、授業研究や学期末反省会等の機会に行う教育目標に則った話し合い、日常的な観察とフィードバック等）ができるとよいだろう。

　そして、社会関係資本の観点である。目的・目標の共有は、組織に連帯を生

み出し、学校全体の一体感を醸成する。「チーム学校」が唱導されて10年が経過した。「チーム」は多義的な用語だが、チームの基本的条件には、達成すべき目標の存在や目標達成に向けたメンバーらの相互依存と協力関係が含まれる（山口2008）。チームには、達成すべき目標が欠かせない。目標やヴィジョンには、人と人をつなぎ、学校文化を形成する機能がある（デール＆ピーターソン1997）。目標・ヴィジョンが校舎の至るところに掲示され、職員会議の資料や生徒や保護者等への配布物に書き込まれたり、学校行事や日常の教育活動において語られたりすることで、それらは学校の合言葉のように根付いていく。そうして、関係者の学校への所属感や一体感が生まれれば、学校文化となっていく。

　筆者は、学校の教育目標の共有（可能であれば共創）の有効性を目の当たりにしてきた（田村2011、2022他）。多様な関係者の声を聴きながらも、学校の教育目標を最終的に決定するのは、校長を責任者とする、学校の教職員である。「予測不可能」といわれる時代だからこそ、他者が未来を描いてくれるのを待つのではなく、ヴィジョンを自ら紡いでいきたい。児童生徒たちに自分の幸せな人生と明るい未来の社会を切り拓いてほしいと願う教育者であるからこそ、協働して学校のヴィジョンを紡ぐ姿を見せたい。

4　ウェルビーイングへの深い省察ができる組織へ

　学校の教育目標の策定には深い省察が必要である。ヴァンマネンは、省察を三段階（技術的省察、実践的省察、批判的省察、VanManen1977）に類型化した。省察は教師の重要な専門性として位置付けられてきた。「技術的省察」は、手段の選択に焦点があり、経験的に有効とされた原則やテクニック（ハウツー）を合理的に実践に適用する。「実践的省察」では、経験や意味、認識、仮定などを分析・参照して、目的を吟味し実践を方向づける。「批判的省察」は、教育目標や知識の価値や経験について、背後にある社会的制約（例えば、支配や制度、権威など）に遡って、その意義や意味を熟考することである。その理想は、価値ある教育目的の追求である。

　ウェルビーイングを目標に含めることに本気で取り組む場合、「そもそも」「目的」「Why」への問いを伴う。すなわち、「批判的省察」がなされるはずである。批判的省察の対象は、現在の学校教育の基本構造にも及ぶ。明治期に輸

入された近代学校制度に伴う学年制や学級制、一斉授業は、慣れ親しんだ日常だが、元を辿れば資本主義や科学主義による近代化のための装置である。学校の構造がもつ潜在的な影響にも自覚的になり、自らの教育観や実践を問い直し熟考する批判的省察は、この変動期において教育を創造するためには重要な考え方なのである。

　では、批判的省察を組織的に行うためには、どうしたらいいのか。対話のためには、機会の設定、時間と精神的なゆとり、そして心理的安全性が欠かせない。多忙な学校現場では、4月初めや長期休業中などに、対話のための機会（校内研修等）を計画的に設けるとよいだろう。生産的な対話を行うには、場の設定、質のよい問い、対話のスキルも必要だ。筆者は、ワークショップ型の研修スタイルを多用してきた。ワークシートに設ける軸や付箋に何を書くかという具体的な指示（これらは、問いである）を徹底的に考えてきた。グループ編成を考慮し、ワークショップの前には、イコールフッティングの原則や全員が貢献するルールなどを確認する。そして何よりも、児童生徒の実態から考えるのが肝要だ。カリキュラムマネジメントでは、児童生徒の姿が出発点であり到達点である。児童生徒をよく見つめ、児童生徒の声を聴き、児童生徒とともに考え、対話することである。

5　子どもたちがウェルビーイングを考え　　創り出す主体となる機会

　保護者も教職員も子どもたちの幸せを願っていることは確かだろう。そして、大人たちは、自分自身の経験知や理論知から何が子どもたちの幸せか、ウェルビーイングか、と考える。しかし、特に「今ここ」の幸せについては、当事者である子ども自身の願いにも耳を傾けてはどうだろうか。学校の教育目標をウェルビーイングの観点から策定したり共有したりする際、児童生徒自身がそのプロセスに関わることが考えられる。特に「主観的幸福観」の要素に関しては、児童生徒自身が、どのような状態が自分にとって幸福なのか、自身の主観を見つめてみることは、ウェルビーイングな人生を追求していくために有用な経験だと思われる。

　そもそも、児童生徒には、自分自身のウェルビーイングを追求する権利があ

る（日本国憲法第13条「生命、自由及び幸福追求に対する国民の権利」）。そして、2023年4月1日施行の「こども基本法」には、こども施策の基本理念として第3条に次の項がある。

> 三　全てのこどもについて、その年齢及び発達の程度に応じて、自己に直接関係する全ての事項に関して意見を表明する機会及び多様な社会的活動に参画する機会が確保されること。
> 四　全てのこどもについて、その年齢及び発達の程度に応じて、その意見が尊重され、その最善の利益が優先して考慮されること。

これらは、次に示す「児童の権利に関する条約（子どもの権利条約）」の第12条の趣旨を踏まえたものである。

> 第12条　締約国は、自己の意見を形成する能力のある児童がその児童に影響を及ぼすすべての事項について自由に自己の意見を表明する権利を確保する。この場合において、児童の意見は、その児童の年齢及び成熟度に従って相応に考慮されるものとする。
> 2　このため、児童は、特に、自己に影響を及ぼすあらゆる司法上及び行政上の手続において、国内法の手続規則に合致する方法により直接に又は代理人若しくは適当な団体を通じて聴取される機会を与えられる。

ただし、子どもたちの心からの願いを聴きだすのはそれほど簡単なことではない。また、刹那的・享楽的な楽しみしか思い浮かばない子どももいるだろう。子どもの声を引き出す具体的な方法は、本書の他の章で論じられる。ここでは、教職員も使用可能な、主観的幸福感を考えるための枠組の一例を示しておく（**図2**、**図3**）。

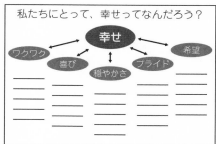

図2　幸せを考える

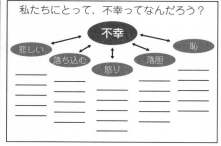

図3　不幸を考える

（出典）UNESCO2021より（筆者訳出）

【引用文献】

・O.バークマン著、高橋璃子訳『限りある時間の使い方』かんき出版、2022年
・T.E.デール＆K.D.ピターソン著、中留武昭監訳『校長のリーダーシップ』玉川大学出版部、1997年
・田村知子編著『実践・カリキュラムマネジメント』ぎょうせい、2011年
・田村知子著『カリキュラムマネジメントの理論と実践』日本標準、2022年
・内田由紀子著『これからの幸福について−文化的幸福観のすすめ』新曜社、2020年
・https://mgiep.unesco.org/reports-and-guides（2023/12/23閲覧）
・UNESCO Office Bangkok and Regional Bureau for Education in Asia and the Pacific, *Happy schools guide and toolkit: a resource for happiness, learners' well-being and social and emotional learning*, 2021, https://unesdoc.unesco.org/ark:/48223/pf0000380325（2023/12/23閲覧）
・M. VanManen, *Linking Ways of Knowing with Ways of Being practical, Curriculum Inquiry*, Vol.6, No.3, 1997, 205-228
・山口裕幸著『チームワークの心理学』サイエンス社、2008年

| 第2章 |

子どものウェルビーイングを目指すカリキュラム改善

京都大学大学院教育学研究科教授　西岡加名恵

1　「学校」への問い直し

　文部科学省は、2023年10月に「令和4年度児童生徒の問題行動・不登校等生徒指導上の諸課題に関する調査結果」を公表した。それによると、学校における暴力行為発生件数、いじめの認知件数、不登校児童生徒数が、いずれも過去最多を記録した（文部科学省2023）。

　暴力行為、いじめ、不登校は、いずれも複合的な要因によって生じるものであり、学校の問題としてのみ捉えることは一面的と言えよう。しかしながら、例えば不登校数の増加は、「現状の学校システムが時代に合わなくなっていることの表れだ」と指摘する声もある（中曽根2023）。

　そこで本章では、学校において子どもたちのウェルビーイングを高めるために、どのようにカリキュラム改善を進めることができるのかについて、いくつかの事例を紹介しつつ検討してみたい。

2　「逆向き設計」論でカリキュラムと授業を改善する

　学校で子どもたちが大半の時間を過ごすのは、教科における授業である。子どもたちにとって「わかる授業」「学びがいのある授業」を提供することは、学校における基本的な役割と言えるだろう。実際に、授業改善に取り組んだ中学校で、不登校が激減したという例もある（盛永2017）。

　授業改善を進める上で、「逆向き設計」論に基づいて単元開発をすることが1つの方途となる。「逆向き設計」論とは、ウィギンズとマクタイ（2012）が提唱したカリキュラム設計論である。「逆向き設計」論では、単元を設計する際に、単元末にどのような評価方法で総括的評価を行うのかを決めることが求

められる。これにより、すべての子どもたちにどのような姿で目標を達成することを目指すのかが明確になる。

「逆向き設計」論では、**図1**のように、「知の構造」と評価方法の対応関係が整理されている。すなわち、各教科の中核に位置するような重要な内容（「本質的な問い」と「永続的理解」）に対応させて、パフォーマンス課題を活用することが推奨されている。パフォーマンス課題とは、リアルな状況（またはシミュレーションの状況）において、複数の知識やスキルを総合して使いこなすことを求めるような複雑な課題である。

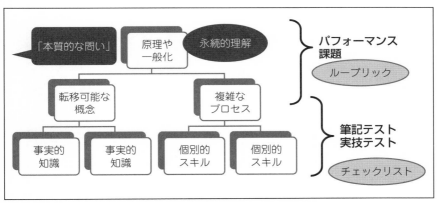

図1　「知の構造」と評価方法・評価基準の対応（西岡2016：82）

京都市立凌風小中学校（凌風学園）では、2021年度から2022年度にかけて「逆向き設計」論を教科教育（国語、社会、算数・数学、理科、英語）に取り入れる研究開発に取り組んだ。その中で、例えば8年生（中学校2年生）の数学の単元「一次関数」では、次のようなパフォーマンス課題が開発されることとなった。スマホの料金プラン自体は定番教材であるものの、ギガ数を用いた条件設定をしている点、お客さんのニーズに沿うプランの提案を求めている点などで、課題のリアルさをより追求したものとなっている。

あなたは携帯会社の営業担当です。お客さんの使用状況に応じて、最もお得なスマホの料金プランを3つの中から提案し、プレゼンしましょう。
　　　プランA…基本料金1000円　＋2Gをこえると1Gごとに1000円
　　　プランB…基本料金2000円　＋5Gをこえると2Gごとに1000円
　　　プランC…1Gごとに1000円　＋3Gをこえると定額で3000円

　この課題の基盤にある単元の「本質的な問い」は「一次関数はどのように使えるのか」であった。また、この単元で目指された「永続的理解」は「一次関数とは y＝ax＋b で表される関数である。身の回りの事象の中には、一次関数として捉えることができるものがある。その事象を表、式、グラフを活用することで、論理的に考察することができる」というものであった（則武2022）。

　実際の授業では、3人のお客さんの利用状況に応じて、最適なプランを提案することが求められた。生徒たちは、グループで分担・協力しつつ、問題解決に取り組んだ（**図2**）。

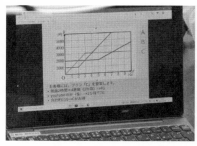

図2　単元「一次関数」の授業の様子

　凌風学園での研究開発を推進した京都市教育委員会の文田尚徳氏は、パフォーマンス課題が「深い学びの在り方」「主体的に取り組む態度の評価」として有効だと述べている（若松・鎌田・西岡2022：3）。リアルな（またはシミュレーションの）状況において実際に教科の学習内容を使う経験を提供することは、子どもたちに学習内容を深く理解することを促し、生きて働く学力を保障するだけでなく、学習することの意義をも実感させるものとなる。

　また、岩佐武司学園長は、「逆向き設計」により、単元内・9年間を通した指導過程の在り方を探ることが可能となったと評価している（若松・鎌田・西岡2022：3）。「逆向き設計」論では、各教科において、「本質的な問い」が入れ子状に存在していると考えられている。上述の単元の「本質的な問い」の背後には、学年を越えて繰り返し問われるような包括的な「本質的な問い」、すなわち「関数とは何か。数学を用いることで、どのように問題解決ができるのか」があったと考えられる。このように教科の本質について学年を越えて捉

える視点をもてたことによって、小・中学校の教員が共同で教材研究に取り組み、長期的に子どもたちを育てるという観点から授業改善に取り組むことが可能になったと考えられる。

3　社会に参画する「探究的な学習」の充実を図る

　学校において子どもたちのウェルビーイングを高める第2の方途として注目しておきたいのが、リアルな状況に直接的に関与していくような探究的な学習を通して、子どもたちのアイデンティティ形成を促すものである。アイデンティティとは「わたしはわたしである」という感覚であり、それは「他者の存在によって支えられているもの」である（平石2013：2）。例えば、本書事例9（p.162）では、高校生たちが「農業」についての探究に参画することを通して、問題解決力を身につけただけでなく、自尊感情や自己効力感をも高めた様子が報告されている。

　また、次のような事例もある（望月2019）。東京都立A高等学校は、2016年度から、より質の高い教育を実現することを目指す研究開発に取り組むことになった。A高校は、それ以前の3年間の転退学率が約28％に上る「進路多様高校」であり、「小・中学校と不登校を経験した生徒も多く、授業だけでなく部活や行事等の教育活動にも積極的に参加した経験は少ない」という状況であった。研究主任の望月未希教諭は、各教科担当の先生方に「教科の本質的な学び」、それにかかわる「人と人、人と地域などとのつながり」、「地域連携でできる内容」について提案するよう依頼した。教師たちからの様々な発想を基盤として、生物の授業で野菜を栽培しつつ「ハクビジン［害獣］とのたたかい！」に取り組んだり、英語科で地域の小学校に英語を教える活動に取り組んだり、地域のNPOと連携して行事「森林保全活動」に取り組んだりする機会が生まれた。2018年度には、森林保全NPOの活動に生徒たちが主体的に取り組めるよう、「有償ボランティア」のシステムも整えられた。

　2016年度には「やや散漫に多種多様なものに取り組んだ」状態だったが、2017年度には「優れた効果やよいシステムを持つ」活動だけに淘汰された。生徒たちが熱心に取り組んだのは、生徒たちが何かをしてもらう活動よりも、生徒たち自身が誰かの役に立つ活動だった、と望月教諭が筆者に語ってくれた

ことがある。

　地域の課題に取り組む経験から、生徒たちにはより明確な課題意識が生まれるようになった。例えば継続的に森林保全活動に取り組んできた生徒Ｉさんは、伐採した竹を美術部の作品制作に活用したいという構想をもった。建築家になりたいという夢をもっていたＩさんは、部活動において、自分の考えた建築物に竹を活用した共同制作をしてみたいという願いをもったのである。美術部顧問だった望月教諭のアドバイスももらいつつ、ＩさんはNPOや協力してくれる部員仲間、建築事務所で働く美術部の先輩の助けも得て、無事に文化祭での作品公開へと至ることができた。

　このようなカリキュラム改革の結果として、Ａ高校の転退学率は半減し、遅刻・欠席数も減少した。英検等の資格取得率も増加し、６年ぶりに国公立大学合格者を輩出、公務員試験一次合格者８名という実績も生まれた。望月教諭は、「生徒たちは学校をベースとして社会のさまざまな人や事物とつながった結果、『あきらめない』ことを身につけていったように思われる」と述べている（望月2019：118）。

　なお、このようにカリキュラム横断での長期的な子どもたちの学びの姿を捉えるためには、ポートフォリオ評価法を活用することが有効だと考えられる。学習履歴を系統的に蓄積したポートフォリオを編集したり、ポートフォリオを用いつつ達成点や今後の課題などについて話し合う検討会を行ったりすることによって、教師が学習者の学習履歴を幅広く捉えられるだけでなく、学習者自身も自らがどのような学びを重ねているのかについての「ストーリー」を編み出すことができるのである（西岡2003）。

4　「安全・安心」の学校づくり

　学校の中には子どもたちの「荒れ」に直面していて、研究開発どころではないというところもあるかもしれない。そこで最後に、カリキュラム改善を通して「荒れ」を克服し、学力向上を実現した大阪市立生野南小学校（現・田島南小学校）の事例を紹介しておきたい。

　生野南小学校は、生活保護率7.4％の生野区にあり、約１割が地域にある児童養護施設から通ってくるという学校であった。2011年度当時は、激しい暴

言・暴力、規律違反や窃盗、器物破損、授業離脱、教師への反抗が連続的、多発的に起きる状態であり、対人関係による要医療件数が24件に上っていた。しかし2019年度までに学校はすっかり落ち着き、対人関係による要医療件数は０件となった。また、全国学力・学習状況調査の結果においても、全国平均を上回る成績となった。

　このような学校が実現されたのは、当校の教師たちが、様々な手立てを打ってこられたからである（西岡・小野2022、小野・木村・西岡2024）。

　教師たちがまず取り組んだのは、一貫性のある生活指導と人権教育の充実であった。頻発する問題行動に対しては、正確な実態把握に基づき、被害・加害をはっきりさせて、被害児童の「安全・安心」を最優先にしつつ、加害児童に望ましい行動の指導を行った。また、系統的な人権教育を行い、「正しく知ること」「ちがいを認め合うこと」「段階を追った学習の上に差別の事実を知ること」「課題解決の視点をもつこと」を重視した取組みを進めた。

　2014年度からは、「暴力」ではなく「ことば」で思いを伝える子どもたちを育てることを目指して、国語科教育の研究が始まった。教材文で扱われている語句や文、段落等に即して正確に読み取る力を育てるために、教師たちが共同で教材研究に取り組み、指導方法に工夫を凝らした（田村・西岡2023）。並行して、子どもたちが活躍できる「場づくり」が推進された。音楽集会、運動会での応援合戦、学習発表会での演劇といった行事はもとより、日々の授業の中でも、リーダーや係を担ったり、得意なことを発揮したりする機会が多彩に提供された。虐待などによって心に傷（トラウマ）を負った子どもたちにとっても、「学校が楽しい！　生きることが楽しい！」という実感を提供することが目指されたのである。

　2017年度からは、子どもたちの心の傷に直接アプローチするような独自のプログラム「『生きる』教育」が開発された（小野ほか2022）。これについては、本書事例６（p.138）を参照されたい。

5　学校がもつ「時間」「空間」の重要性

　近年では、「子供の特性を重視した学びの『時間』と『空間』の多様化」を提唱する例（総合科学技術・イノベーション会議2022）に見られるように、

既存の学校の枠組みを抜本的に再構築することにウェルビーイングの実現可能性を見出す論調もある。しかしながら、本章で紹介してきた事例は、既存の学校の「時間」「空間」の枠組みの中で、教師たちが共同でカリキュラム改善を推進することで、より包摂性の高い学校教育を実現したものである。

　望月教諭は、「A校での取組みは、学校ではないところに居場所を作り、『学校が世界のすべてじゃない』と言ってくれる大人とのつながりをつくるものであった」としつつも、「そこで勇気づけられて、生徒たちはまた教室に戻ってきてくれる」と述べている（望月2019：120）。また、凌風学園や生野南小学校のカリキュラム改善は、既存の学校の「時間」「空間」の枠の中で取り組まれている。

　学校のカリキュラム改善を進める際に、学校の外との連携が有効に機能する側面はある。しかしながら、既存の枠組みにおいて子どもたちのウェルビーイングを促進できる可能性も確かにあることが示されていると言えよう。

【文献注】

- G.ウィギンズ・J.マクタイ著、西岡加名恵訳『理解をもたらすカリキュラム設計──「逆向き設計」の理論と方法』日本標準、2012年
- 西澤哲・西岡加名恵監修、小野太恵子・木村幹彦ほか編『「『生きる』教育」──自己肯定感を育み、自分と相手を大切にする方法を学ぶ』日本標準、2022年
- 小野太恵子・木村幹彦・西岡加名恵編著『子どもたちの「今」を輝かせる学校づくり──トラウマ・インフォームド・エデュケーション』日本標準、2024年
- 総合科学技術・イノベーション会議「Society 5.0の実現に向けた教育・人材育成に関する政策パッケージ」2022年
https://www8.cao.go.jp/cstp/tyousakai/kyouikujinzai/index.html
- 田村泰宏・西岡加名恵編、小野太恵子・木村幹彦著『心を育てる国語科教育──スモールステップで育てる「ことばの力」』日本標準、2023年
- 中曽根陽子「不登校29万9048人で過去最多、『日本の教育』はすでに崩壊していると言える訳──大人の同調圧力が子どもを追い詰めている」『東洋経済education×ICT』2023年
https://toyokeizai.net/articles/-/708402
- 平石賢二「アイデンティティ理論」藤永保監修『最新　心理学事典』平凡社、2013年
- 西岡加名恵・小野太恵子「『荒れ』を克服し『学力』を保障するカリキュラム改善のプロセス──大阪市立生野南小学校の事例検討」日本カリキュラム学会『カリキュラム研究』第31号、2022年、pp.29-41
- 西岡加名恵著『教科と総合に活かすポートフォリオ評価法──新たな評価基準の創出に向

けて』図書文化社、2003年
・西岡加名恵著『教科と総合学習のカリキュラム設計——パフォーマンス評価をどう活かすか』図書文化社、2016年
・則武勇司「数学科学習指導案」京都市立凌風小中学校「研究報告会」資料、2022年
　なお、この単元は、京都大学大学院教育学研究科大学院生・岡村亮佑氏との共同研究により開発されたものである。
・盛永俊弘著『子どもたちを"座標軸"にした学校づくり——授業を変えるカリキュラム・マネジメント』日本標準、2017年
・文部科学省「児童生徒の問題行動・不登校等生徒指導上の諸課題に関する調査」2023年
　https://www.mext.go.jp/a_menu/shotou/seitoshidou/1302902.htm
・望月未希「進路多様高校におけるカリキュラム開発——社会に開かれた教育の追求」日本教育方法学会『教育方法48』図書文化社、2019年、pp.108-121
・若松大輔・鎌田祥輝・西岡加名恵「小中一貫校における1人1台端末とパフォーマンス課題を導入した単元開発——京都市立凌風小中学校における社会科・理科の事例検討」『教育方法の探究』第25巻、2022年、pp.1-20

| 第3章 |

ウェルビーイングを目指す「個別最適な学び」「協働的な学び」

京都大学大学院准教授　奥村好美

1　「個別最適な学び」と「協働的な学び」が求められる背景

　「個別最適な学び」と「協働的な学び」は、中央教育審議会「『令和の日本型学校教育』の構築を目指して～全ての子供たちの可能性を引き出す、個別最適な学びと、協働的な学びの実現～（答申）」（以下、答申）（2021年1月26日）において、改革のキーワードとして取り上げられたことで近年注目されるようになった。答申では、特別なニーズをもつ子どもたち、外国につながる子どもたち、経済的に恵まれない子どもたちなど、子どもたちのニーズが多様化する中で学校の多様性と包摂性を高めるために「個別最適な学び」が求められている。本章では、どのような形で「個別最適な学び」を実現すれば、学校の多様性と包摂性を高め、そこに生きる一人一人のウェルビーイングにつながるのかについて考えてみたい。

　「個別最適な学び」が重視されるようになった背景には、経済産業省の「『未来の教室』とEdTech研究会」において「個別最適化」という考え方が示されたことがある。そこでは、ビッグデータやAI（人工知能）の助けを用いて「個別最適化」を実現することが目指されている。先の答申では「個別最適な学び」は学習者視点の言葉とされ、AIが一人一人の学習を最適化するという側面は弱くなっているとはいえ、そこでも「GIGAスクール構想」を背景に整備された1人1台端末と、高速大容量通信ネットワークといったICT環境を活用して、「個別最適な学び」と「協働的な学び」を充実させていくことが求められている。しかしながら、「個別最適な学び」の背景にある個別化・個性化教育の考え方に立ち戻れば、それは必ずしも常にICT活用とセットで論じられてきたわけではない。そこで、本章ではカリキュラムにおける「個別最適な学

び」の考え方そのものについて、「協働的な学び」との関係に触れながら論じていくこととする（ICT活用については本書の理論編第4章（p.34）、第5章（p.40）を参照されたい）。

2　個別化・個性化教育とは何か

　先述した答申では、「個別最適な学び」は、「個に応じた指導」を学習者の視点から整理した概念とされている。「個に応じた指導」は、「指導の個別化」と「学習の個性化」に整理されている。答申では、「指導の個別化」は、教師が支援の必要な子どもにより重点的な指導を行うことなどで効果的な指導を実現することや、子ども一人一人の特性や学習進度、学習到達度等に応じ、指導方法・教材や学習時間等の柔軟な提供・設定を行うことなどとされ、「学習の個性化」は、教師が子ども一人一人に応じた学習活動や学習課題に取り組む機会を提供することで、子ども自身が学習が最適となるよう調整するものとされている。

　一方、個別化・個性化教育という考え方の歴史は古く、有名なものに20世紀初頭の新教育運動などがある。個別化・個性化教育は、様々に定義されるものの、個別化は主に量的個人差に対応する考え方、個性化は主に質的個人差を含めて子どもの全体性を視野に入れて行われる柔軟な対応や、子どもの自主性や自発性を尊重する考え方として整理されることが多い。

　こうした考え方に基づき、子どもの個人差やニーズに対応することを目的とした教育的方策のことを「個に応じた教育・指導（differentiation）」と呼ぶ。方策としては、学校間、学校内やクラス間、クラス内の3つがある。学校間の場合、西欧諸国を中心に歴史的に採用されてきた複線型学校制度や、学校ごとの特色を打ち出す形で異なる学校種を併存させる例が挙げられる。学校内やクラス間の場合、学校内に複数のコースを設定したり、カリキュラムを工夫して子どもの選択の余地を増やしたり、習熟度別に学級を編制したりする例がある。クラス内の場合、教育内容や学習方法等を個人ないし小グループで変化させる例がある。このように、「個に応じた教育・指導」は必ずしもクラス内での取組みのみを指すわけではないが、本章ではクラス内での取組みを中心に論じていく。

3　教科と総合学習のカリキュラムにおける 個別化・個性化教育の位置付け方

　個別化・個性化教育を考える際には、それをカリキュラム全体の中にいかに位置付けうるかを広い視野で考える必要がある。その際、個別化・個性化教育がどのような学力・学習の質と親和性が高く、どのような指導・学習例が考えられるかを知っておくことは参考になるだろう。そこで、石井英真氏の学力・学習の質についての整理に、個別化・個性化教育の視点を取り入れて作成した**図1**をもとに、以下教科と総合学習のカリキュラムにおける個別化・個性化教育の位置付け方を考えていきたい（石井2020、石井2023）。

　まず、個別化教育については、既成のドリルやワークブックなどに見られる比較的単純な課題と親和性が高く、その場合、育てやすい学力・学習の質は主に「知っている・できる」レベルとなる。指導・学習例としては、教師主導の場合は、授業内外で行う個別指導や個別対応など、学習者主導の場合は、学習者が自分のペースで学習を進められるような自由進度学習などが考えられる。

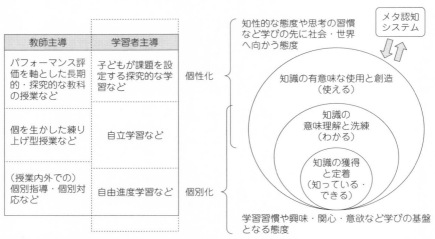

図1　個別化・個性化教育で育てやすい学力・学習の質とその際の指導・学習例

　自由進度学習は単元レベルで行われる場合もあれば、無学年制で取り組まれるような場合もある。こうした指導・学習は、教師が意図的に子どもが相互作用を行えるような学習環境をつくらなければ、簡単に「孤立した学び」に陥っ

てしまう点に留意が必要である。なお、日本ではパフォーマンス課題を取り入れる工夫をするなど後述する自立学習にあたるような実践を自由進度学習と呼ぶこともあるが、ここでは進度のみを自由にして定型的な問題に取り組むような学習を指して、狭い意味で自由進度学習という言葉を用いている。

　次に、個性化教育については、教科のパフォーマンス課題や総合学習での学習活動などと親和性が高く、その場合、育てやすい学力・学習の質は主に「使える」レベルとなる。指導・学習例としては、教師主導の場合は、多様な取組み方を包摂する教科のパフォーマンス課題を軸とした長期的・探究的な授業などが考えられる。こうした教科のプロジェクト的な学習は、教科の本質を踏まえて教師によって導かれながらも、一人一人の子どもが個性を発揮しつつ他者とともに深め合いながら取り組めるような幅を有しやすい。一方、学習者主導の場合は、課題設定自体を子どもが行うような探究的な学習が例として挙げられる。そうした学習では、社会や世界への一人一人の興味・関心等を活かした取組みが位置付きやすい。こうした授業・学習では、多くの場合フォーマル、インフォーマルな検討会や発表会が設けられ、そこで互いに議論することで、対象理解を深めるとともに自身や他者の探究の特徴や強み、今後の課題などを自覚し、次の学びへつなげていくことが期待される。この点で、個性化の考え方を重視した指導・学習では、学びの豊かさや深まりにつながる形で子どもたちの協働性が位置付きやすい点も特徴である。「個別最適な学び」と「協働的な学び」を一体的に実現する上で、この点は考慮に入れておく必要があるだろう。

　さらに、個別化と個性化の交点については、重要な概念等についての意味理解に関する課題や活動と親和性が高く、その場合、育てやすい学力・学習の質は主に「わかる」レベルとなる。指導・学習例としては、教師主導の場合、個を活かした練り上げ型授業などが例として位置付くと言える。これまでにも日本では（場合によってはつまずきとみなされる）子どもたちの個性的なものの捉え方を活かしつつ、他者と共に学ぶからこそ考えを深められる授業が追求されてきた。そうした授業では、時に個別対応を位置付けつつ、個性を活かす作用をもつ。

　一方、学習者主導の場合、先述したような形での自由進度学習よりも子どもたちが高い自律性をもって取り組む学習が挙げられよう。ここでは、それを自

立学習と呼ぶ。具体的には、オランダのイエナプランスクールのブロックア
ワーやダルトンスクールで実施されているような、子どもが自分で1週間程度
の計画を立て、日々の長いまとまった時間（60分から100分程度）の中で学
習を進めていくことを想定している。新しい内容を学ぶ際には、教師から15
分程度の短いインストラクションも行われる。ここで、教科の本質につながる
形で子どもたちの興味・関心をかき立てたり、子ども間や教師と子どもの間に
相互作用を生みながら意味理解を深められるようにしたり、時に学習内容と現
実とのつながりを経験できるような工夫をしたりする形でインストラクション
を実施することが鍵となる。こうした工夫のあり方次第で、自立学習は、「使
える」レベルになることもあれば、「知っている・できる」レベルになること
もある。

　自立学習では、子どもたちはインストラクションをもとに自分の学習をつ
くっていくことになる。子どもたちは、定められた学習課題のみならず、時に
自分が必要であると考える学習を追加したり、総合学習で取り組んでいる学習
を実施したりすることもできる。その際、子どもたちは学習場所を選んだり、
他者と共に学んだりすることもできる。こうした学習においては、必要な時に
助けを求めたり共に学び合ったりすることを含めて教師が「自立」を捉え、そ
の環境整備をすることによって「個別最適な学び」と「協働的な学び」はセッ
トで実現されると言えるだろう。

　以上、**図1**をもとに、個別化・個性化教育の考え方を取り入れた際にどのよ
うな学力・学習の質を育てやすいのか、およびその指導・学習例を概観してき
た。カリキュラムに個別化・個性化教育を位置付ける際、教師主導・学習者主
導のどちらが良い・悪いということはなく、また全ての指導・学習形態が必要
というわけでもないだろう。例えば、授業においては、教師主導で「わかる」
「使える」レベルを意識した取組みの実現を目指し、帯時間などに学習者主導
の自由進度学習を無学年制で実施するといった組み合わせも可能であろう。あ
くまでどのような学力・学習の質を育てられているかを意識し、カリキュラム
全体でどのような形で個別化・個性化教育を取り入れていくとよいかを考える
ことが重要であると言える。

4　教科におけるカリキュラムづくり
「逆向き設計」論において「個に応じること」

　最後に、教科において個別化・個性化教育の考え方を踏まえて「使える」レベルの学力・学習の質を長期的に育むために、「逆向き設計」論というカリキュラム設計論でいかに「個に応じた教育・指導」が実施できるかを紹介したい（「逆向き設計」論については、理論編第2章（p.18）を参照されたい）。「逆向き設計」論において「個に応じること（differentiation）」を考える上で、トムリンソン（C.A. Tomlinson）とマクタイ（J. McTighe）が**図2**のような枠組みを提案している（西岡2016、Tomlinson & McTighe 2006）。図2は、「逆向き設計」論に基づき、単元設計を行う際に、何にどのように応じるべきか、応じるべきではないかを示している。図2では、「求められている結果」や「評価の証拠」のうち、その単元の中核にあたる「本質的な問い」と「（永続的）理解」、それらと対応する「鍵となる規準」は、基本的に個に応じて変え

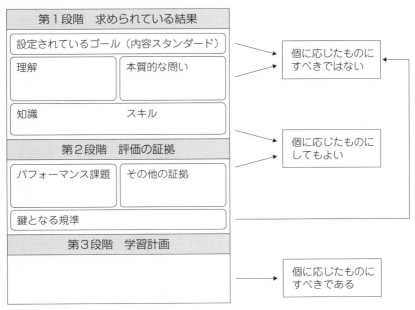

図2　「逆向き設計」論において「個に応じること」

るべきではないことが示されている。その単元において、何が学問的に中核に
あたるのか、何を長期的に子どもたちに保障する必要があるのかを明確にして
おくことで、診断的・形成的評価を行いやすくなり、かえって指導を行う際に
柔軟に個に応じやすくなる。

　一方、「求められている結果」や「評価の証拠」のうち、個別的知識やスキ
ル、また評価方法における表現のあり方については、個に応じたものにしても
よいと考えられている。「逆向き設計」論では、子どもたちは、個別の知識や
スキルをバラバラに覚えていくのではなく、「本質的な問い」を探究する中で
「理解」を深めながら様々な知識やスキルを身につけていくことが求められる。
したがって、身につける知識やスキルのレパートリーが子どもによって変わる
ことは起こりうる。また、評価方法については、パフォーマンス課題が「（永
続的）理解」を評価する課題であるならば、表現は多様であってよいと考えら
れている。

　ここで一つパフォーマンス課題の例を挙げてみたい。中学校社会科地理的分
野の小単元「中国・四国地方」の課題「広島市・高知県を住みやすくするため
のアイデアを考えよう！」である（奥村・宮田2017）。課題文は「あなたは
（Ａ：広島市の市長・Ｂ：高知県の知事　※選択）に頼まれて、もっと（Ａ：
広島市・Ｂ：高知県）を住みやすくするにはどうすれば良いか、アイデアを出
すことになりました。広島市の市長は過密問題、高知県の県知事は過疎問題で
困っています。学んだことを活かして、あなたの考えをレポートにまとめま
しょう。その際に、次の①〜③を必ず入れましょう。※写真や資料を引用また
は貼り付けても構いません。①（Ａ：広島市・Ｂ：高知県）の自然や産業など
の特徴、②（Ａ：（広島市）過密問題・Ｂ：（高知県）過疎問題）により、どん
な困ったことがおきているか、③　②の問題を解決するための具体的アイデア、
そのアイデアによってどんな良いことが期待できるか」である。

　このパフォーマンス課題では、広島市もしくは高知県のいずれかを選択でき
る課題としているものの、「本質的な問い」「（永続的）理解」、それに基づく
ルーブリック（鍵となる規準）は、共通のものを用いている。パフォーマンス
課題では、「レポート」を作ることが求められているが、プレゼンテーション
のための「スライド」や「ポスター」作りなど、表現の選択肢を設定すること
もできるだろう。生徒の実態に応じて、口頭で説明したり、視覚的に描いて説

明したりするなど表現の選択肢を増やすことで、生徒は内容についての「理解」を自分に合う表現で示すことができるようになる可能性がある。ただし、繰り返しになるが、この際に留意すべき点として、表現が異なったとしても、「理解」を評価する「鍵となる規準」は共通である必要がある。これを変えてしまうと、全ての子どもたちに「理解」を保障することができなくなり、包摂性を高めるどころか格差や分離を拡大しかねない。

　「学習計画」は、図2のように、全ての子どもがよりよく学習できるよう、できるだけ個に応じたものにするべきであると考えられている。その際、多様な学習者の学習状況を把握し、指導の改善に活かすためには、診断的評価や形成的評価を充実させることが重要である。「逆向き設計」論に基づいて、事前に学習経験や指導を設計したとしても、その計画を固定的に捉える必要はない。むしろ、長期的な目標を明確にしつつ、一人一人の子どもたちの実態を捉えることで、必要に応じて柔軟に計画を組み直すことが可能となる。その際、教師は「本質的な問い」を軸に、子どもたちの多様な取組み方を包摂した探究を導いていくことで、子どもたちが相互作用する中で他者と共に探究的に理解を深めていけるようにすることができるだろう。

　以上より、カリキュラムに個別化・個性化教育を位置付ける際には、学力・学習の質とセットで指導・学習のあり方を考えることで、多様な子どもたちを包摂するとともに学力保障を目指すことが可能となり、ウェルビーイングを高める道が拓かれると言えるだろう。

[引用文献]

・石井英真著『未来の学校——ポスト・コロナの公教育のリデザイン』日本標準、2020年
・石井英真「今後の教育課程の在り方について」今後の教育課程、学習指導、学習評価等の在り方に関する有識者検討会（第6回）資料、2023年7月12日
・奥村好美・宮田佳緒里「パフォーマンス評価におけるフィードバックのあり方に関する一考察——中学校社会科の実践に焦点を合わせて」『兵庫教育大学研究紀要』第51巻、2017年、pp.119-128
・西岡加名恵著『教科と総合学習のカリキュラム設計——パフォーマンス評価をどう活かすか』図書文化社、2016年
・C.A. Tomlinson and J. McTighe (2006), *Integrating Differentiated Instruction & Understanding by Design: Connecting Content and Kids*, Alexandria, VA: ASCD.

| 第4章 |

ウェルビーイングから考える
GIGAスクール時代のカリキュラム・マネジメント

徳島県東みよし町立昼間小学校校長　中川斉史
愛知県知多市立旭東小学校教頭　八釼明美

1　GIGAスクール構想の背景と情報活用能力

　周知の通り、GIGAスクール構想（Global and Innovation Gateway for All）とは、１人１台端末と高速通信ネットワーク整備を二大施策に据えた、子どもたちの個別最適化と協働的な学びの実現を目指した国家プロジェクトである。

　この背景には、Society5.0の到来が挙げられる。AIにより情報が提供される社会において、子どもたちには、ICTを活用しながら課題や困難を克服していく力が求められる。しかしながら、OECD（経済協力開発機構）が行った学習到達度調査（PISA）の2018年調査の一環で行われた生徒のICT活用調査では、ICTを遊びには利用するものの、学習には利用しない実態が浮き彫りとなった[1]。

　さらには、新型コロナウイルス感染拡大により、2020年に全国一斉の臨時休業が余儀なくされると、学びを保障することへの必要性がクローズアップされることとなり、GIGAスクール構想は、２年以上も前倒しされて、実施されることになった。

　直後、「貸与されたICT端末を文房具と同様に、使いこなせるようになる」ことが、GIGAスクール構想実現の目的として語られるようになっていく。しかし、その先には、「子どもたちの情報活用能力を育成する」という目的があることを忘れてはならない。

　この情報活用能力については、2017年告示学習指導要領総則において、言語能力や問題発見・解決能力と並んで、各教科等の学習の基盤となる資質・能力と明記されている[2]。そして、「情報活用能力は、世の中の様々な事象を情報とその結び付きとして捉え、情報及び情報技術を適切かつ効果的に活用し

て、問題を発見・解決したり自分の考えを形成したりしていくために必要な資質・能力である」と示している[3]。つまり、情報活用能力はそれだけで発揮されるものではなく、言語能力、問題発見・解決能力等と関連し合って発揮されるべきものである。また、同じく、このような情報活用能力を育成することは、「将来の予測が難しい社会において、情報を主体的に捉えながら、何が重要かを主体的に考え、見いだした情報を活用しながら他者と協働し、新たな価値の創造に挑んでいくためには、情報活用能力の育成が重要となる」と、その意義を示している[4]。

　情報活用能力の育成は、グローバルで革新的な扉を自分の手で開くための必須条件と言える。私たち教師は、社会や世界とつながり、また他者と協働し、なりたい自分を実現させたり、未来を創造したりすることのできる子どもたちを育てていくことに意識を置きたい。

2　GIGAスクール構想におけるウェルビーイングとは

　授業の中で「ICT端末を出しましょう」と一斉に管理したり、「ICT端末を自宅に持ち帰ると、あらぬ使い方をし、犯罪に巻き込まれる危険性があるから、学校に置いて帰りましょう」と、活用を制限したりする実態が散見される。「使うべきか、使わぬべきか、効果があるかどうか」と議論をしている時期ではない。情報モラルが欠落していては、話にならないが、「使えば、社会や世界とつながり、違った景色に出会える」と考えたい。1人1台端末と高速通信ネットワークは、すでに整備されている。子どもたちが、「知りたい」「学びたい」と思った時に、それがかなえられる環境でありたい。グローバルで革新的な扉の前に、教師が立ちはだかっていては、子どもたちの幸せは手に入らない。

　知的好奇心を充足させ、未来を生きるための力を身に付けさせることがGIGAスクール構想におけるウェルビーイングである。

3　情報活用能力育成のための「カリキュラム・マネジメント」

　情報活用能力を育成するためには、GIGAスクール構想のカリキュラム・マネジメントが必要である。GIGAスクール構想実現のための学校運営方針、ICT

に関わる施設設備の導入時期や状況、また予算といった物的資源の実態、また学校規模や教職員の人数、ICTの活用能力、ICT支援員の有無といった、人的資源の実態等は、各学校で違うからである。

　校長の方針の下、自校に合った方法で、教育課程を編成・実施していくこと

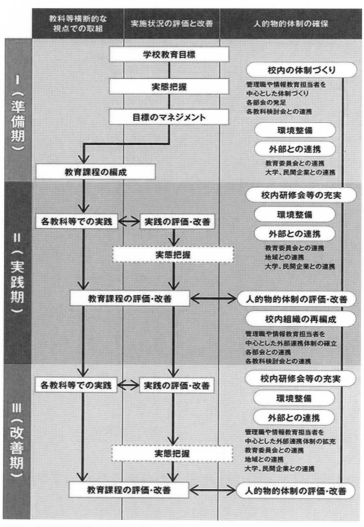

図1　情報活用能力育成のためのカリキュラム・マネジメントモデル

が、学校の独自性や自律性を高めることにつながる。

　文部科学省は、情報活用能力育成のためのカリキュラム・マネジメントモデル図[5]を図1のように示している。縦軸は、実施時期、横軸は、カリマネの3側面を示している。横軸の真ん中の「実施状況の評価と改善」は、学校教育目標、情報活用能力に関わる児童生徒の実態、各学年の課題に照らし合わせた目標等をもとに、情報活用能力を育成するためのカリキュラム・マネジメントを計画・実施・評価・改善していくことを示している。左の「教科等横断的な視点での取組」については、実際にICTを取り入れたカリキュラムを教科等横断的に編成して、各教科等で実践し、評価・改善していくことを示している。右の「人的物的体制の確保」では、「環境整備」として、施設・設備といったハード面の整備はもちろんのこと、授業においては、子どもたちが活用したい場面ですぐにICT端末等を使えるよう、方針等を合わせておきたい。また校長には、学校のスタッフとしてのICT支援員等を含めた教職員一人一人が、自分の立ち位置や役割を理解して、その力を発揮できるように適材適所に人材を配置するなど、「校内の体制づくり」をすることが求められる。

4　情報活用能力育成のための
　　カリキュラム・マネジメントの一例

　それぞれの学年で、単元配列表を編成していることと思う。情報活用能力の育成のためには、この単元配列表の中に、ICT端末に関する項目を新たに追加すると良い（図2参照）。

　例えば、ICT端末のカメラ機能を使って、撮影するというシーンは、1年生の早い時期に登場する。生活科での活用だけでなく、QRコードを利用したドリルコンテンツや、教科書に登場する参考動画など、ICT端末のカメラを利用するシーンは多い。1年生に対するそれらの初出のタイミングを、学校として決めておくことは必須である。また、ICT端末を使うシーンで最も多くのスキルを要する文字入力も、学年や学級でバラバラに指導がなされていると、ICT端末で操作し、文章を書いたり、情報を検索したりする際に、大きな支障となる。どの学年でどのような文字入力の指導をするかといったことは、明確には提示されておらず、ICT端末利用の課題としてもよく取り上げられている。

1年	4月		5月		6月		
行事等	入学式・一学期始業式	家庭訪問			親子球技ふれあい大会		
生活	がっこう だいすき				きれいに さいてね		
	20				8		
ICT		カメラ撮影			一人でMeet	カメラ撮影	Meet朝の会
国語	・いい てんき さあ はじめよう ・おはなし たのしいな ・あつまって はなそう ・えんぴつと なかよし ・どうぞ よろしく ・なんて いおうかな こんな もの みつけたよ ・うたにあわせて あいうえお		つづけよう① ・こえに だして よもう ・ききたいな、ともだちの はなし ・たのしいな ことばあそび ・はなの みち ・としょかんへ いこう ・かきと かぎ ・ぶんを つくろう ・ねこと ねっこ		・おばさんと おばあさん ・くちばし ・おもちゃと おもちゃ ・あいうえおで あそぼう ・おおきく なった ・おおきな かぶ		
	15		21		27		
ICT	ウエビングYチャート	カード移動操作	家庭でのカメラ撮影	Yチャート			音読動画撮影

図2　初めて活用するICT等を単元配列表に位置付ける

キーボードを使っての文字入力の前段階としての、手書きパッドを使いながら文字を生成する方法についても、機種やアプリに依存するだけに、導入されている仕組みに応じた簡単なカリキュラムを作成すべきである。

　例えば、多くの学校で取り入れているローマ字による文字入力では、多くのステップがあるが、ローマ字の読み書きの他に、各種記号の入力、アルファベットの読み方、漢字変換や候補の選択など、知っておくべき内容は多い。加えて、個人差が生まれやすく、効率よく行うためには、以前のように一斉指導の時間をとることは現実的でない。

　ICT端末は家庭に持ち帰ることが前提であることを考えると、個人差が生まれやすいスキルの習得では、家庭でその時間をじっくり取ったり、長期休業中の課題として取り組ませたりするなどの方法が考えられる。そのためには、学校で事前に準備しておくことは、①ローマ字の仕組みの一斉指導、②自分一人で練習するための手段の提示、③ホームポジションの定期的な確認の3つである。①は、これまで小学校3年生の国語で登場するローマ字と合わせて指導することが多い。ただ、伸ばす音や、「ん」などについての違いがあることを注意しておく必要がある。②は、数多く存在するタイピング練習サイトの利用についての指導である。できれば学校全体でその進度を把握できるようなサイトやアプリを利用することが望ましい。③については、子どもたちが速さを意識

するあまり、指が自己流になってくるからである。教室で子どもたちがキーボード操作をしている所を教師がチェックするといった、鉛筆や箸の持ち方と同じような指導が必要である。

5　教師のウェルビーイングのための「校内研修の充実」

　このような学校内の方針を全教職員で合わせるためには、適切な校内研修が必要である。

　「校内研修」という言葉は、学習指導要領のカリキュラム・マネジメントの3つ目の側面「人的物的体制の確保」に「（略）全教職員が適切に役割を分担し、相互に連携することが必要である。（略）校内研修等を通じて研究を重ねていくことも重要であり、こうした取組が学校の特色を創り上げていくこととなる」（下線筆者）と明記されている[6]。

　校内研修を自校にとって必要な内容で、そして必要なタイミングで実施することは、「学校教育目標の達成」「情報活用能力の育成」は、もちろんのこと、「学校の活性化」や「職場の協働性」にもつながると考える。目の前の子どもたちの姿を思い浮かべながら、「自校なら…」「自分たちは…」と、自校にこだわり研修を進めたい。子どもたちのウェルビーイングが情報能力の育成とするならば、「学校の活性化」や「職場の協働性」は、教職員にとってのウェルビーイングとも言える。

［注］

1　当調査において、日本は、「1週間のうち、教室の授業でデジタル機器を利用する時間」「コンピュータを使って宿題をする頻度」等複数の項目が最下位であった。一方、「1人用ゲームで遊ぶ」等の項目については、1位だった。
2　小中学校学習指導要領（平成29年告示）総則第1章第2の2(1)
3・4　小中学校学習指導要領（平成29年告示）解説総則編第3章第2節2(1)イ
5　文部科学省委託事業「次世代の教育情報化推進事業『情報教育の推進等に関する調査研究』」（IE-School）
6　小中学校学習指導要領（平成29年告示）解説総則編第3章第5の1
7　文部科学省「新時代の学びを支える先端技術活用推進方策（最終まとめ）」（2019年6月25日）

| 第5章 |

ICTの進展と教師が成長する組織づくり

熊本大学大学院特任教授　前田康裕

1　ICTの活用による授業改善

(1)GIGAスクール構想は何のため？

　GIGAスクール構想によって、全国の学校に1人1台のタブレット端末が整備された。多くの学校で、その活用が進んでいるが、その目的とは一体何だったのだろう。2019年の文部科学大臣からのメッセージ[1]には次のように書かれている。

　「忘れてはならないことは、ICT環境の整備は手段であり目的ではないということです。子供たちが変化を前向きに受け止め、豊かな創造性を備え、持続可能な社会の創り手として、予測不可能な未来社会を自立的に生き、社会の形成に参画するための資質・能力を一層確実に育成していくことが必要です」

　しかし、現状では、「ICTをどのように活用するのか？」といった方法論に目が向きやすくなっているのではないだろうか。従来の授業のやり方に、単にタブレット端末を加えただけで効果は望めるのであろうか。

(2)テクノロジーを使うだけでは効果は上がらない

　OECDは2012年に「学校におけるICT利用と、生徒の数学と読解力のテストの得点との相関を調査報告している。その結果は、「教育におけるICT利用と数学や読解力の得点との間には弱いか、時には負の関連性しかない」というものであった[2]。OECDのアンドレアス・シュライヒャー教育スキル局長は、その原因を次のように述べる[3]。

「一つの解釈として、深く概念的な理解を構築し、高次の思考を育てるには教員と
生徒の緊密なやりとりが必要だが、しばしばテクノロジーはそのような人間のか
かわりを阻害すると考えられる。もう一つは、19世紀の学校組織による20世紀の
教育実践に21世紀のテクノロジーを加えるだけでは、テクノロジーを最大限に活
用した教育は実現できないということである。もし生徒がグーグルで調べた回答
を答案用紙に書き写すだけならば、従来の教授法よりも効果的な学習とは呼ばな
い」

　今まで行ってきた授業を見直すこともなく、ICTの活用だけを加えても効果
は望めないのである。
　例えば、挙手できる子の発言だけで展開する授業や、教師の解説だけで展開
する授業といった、「教師が教える授業」（**図1**）にICTを無理矢理に使おうと
すると、結果的に効果が上がらず、学校での活用が一向に進まないということ
になりかねない。

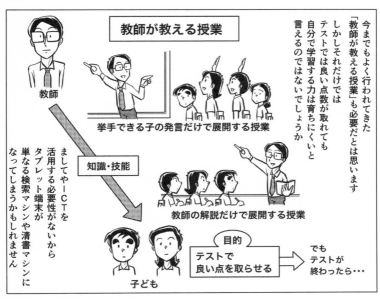

図1　教師が教える授業[4]

⑶子どもが学びとる授業への転換

　では、授業をどう改善するべきだろうか。一言で言えば「教師が教える授業」から「子どもが学びとる授業」への転換ということになる（**図2**）。

　そのためには、まず必然性の高い学習課題を協働して解決するような「めあて」が必要となる。例えば、社会科の学習において、郷土の偉人が残した史跡の写真をもとに、「なぜ作ったのか？」「どうやって作ったのか？」といった子どもたちの問いから学習課題を設定するといったものである。

　次に、課題解決のための少人数による「対話」を学習の中に位置付ける。すると、子どもたちはその過程で仲間と協働せざるをえなくなり、相互作用が促される。また、教えたり発表したりする内容を充実させようとすれば、自ずと知識や技能を獲得するようになっていく。情報端末があれば、情報を自分で集めたり、アイディアを可視化したりできる。それらを直接見せ合って対話したり、電子黒板等で全体に見せたりすることで、情報やアイディアは相互に作用し、考え方が広がり深まっていくことになる。

図2　子どもが学びとる授業[4]

　さらに、学習の「振り返り」を位置付ける。「自分たちは何を学んだのか」
といった内容知と「自分たちの学び方はどうだったのか」といった方法知を省
察することである。振り返りを情報端末で共有することで、「まとめ方」もお
互いに学び合うことができる。教師は子どもの振り返りを読んで形成的に評価
していく。「○○君の〜といった発言がよかった」「○○さんが私の話をよく聞
いてくれた」といった友達への評価も促していけば、協働的な学習はさらに促
進され、互いを尊重する学習集団が形成されていく。

　このような「学びとる授業」においては、情報収集や対話、発表や表現活
動、さらには振り返りの活動において、ICTは極めて有効な学習の道具として
働いていく。「教師が教える授業」を完全に否定するものではないが、「子ども
が学びとる授業」への転換が求められているのである。

2　ICTを生かした授業づくりに求められる　教師としての資質能力

⑴探究的な学びの実践者であること

　1人1台の情報端末を前提とした授業においては、今までとは異なる授業観
と授業設計が求められる。しかし、指導技術が十分に確立していないために、
教師の多くは様々な試行錯誤を繰り返しながら、授業づくりに探究的に向き合
うことになる。

　中央教育審議会は2022年12月9日に「『令和の日本型学校教育』を担う教
師の養成・採用・研修等の在り方について〜「新たな教師の学びの姿」の実現
と、多様な専門性を有する質の高い教職員集団の形成〜」という答申を出して
いる[5]。以下はその抜粋である。

「個別最適な学び、協働的な学びの充実を通じて、「主体的・対話的で深い学び」
　を実現することは、児童生徒の学びのみならず、教師の学びにも求められる命題
　である。つまり、教師の学びの姿も、子供たちの学びの相似形であるといえる。
　（中略）
　　教師自らが問いを立て実践を積み重ね、振り返り、次につなげていく探究的な
　学びを、研修実施者及び教師自らがデザインしていくことが必要になる」

教師も子どもたちと同じように、「めあて」「対話」「振り返り」を柱として、探究型の学びの実践者になる必要があると言えよう。

(2)探究的な学びに必要なスキル

　長年の経験の中で染みついてきた自分の授業のやり方を転換することは容易なことではない。教職員が知恵を出し合いながら協働で解決することが必要となる。そのためには、「知識・思考・経験を獲得する心的能力」である認知的スキルだけでは十分ではない。これからの教師および教師集団には、次のようなスキルが求められる。

①社会情動的スキル

　目標を達成したいと思う強い意欲や自分にもできそうだという自己肯定感、仲間と協力しながら問題を解決するといったコミュニケーションの力が必要となる。いわゆる「社会情動的スキル」とよばれるものである。特にデジタル機器は得手不得手があって当然であり、新しいハードやソフトが入れば、組織として時間をとって学び直す必要がある。互いの気持ちを尊重し合いながら学び合うことで心理的安全性の高い集団が形成できる。

②メタ認知力

　自分の考え方（認知の仕方）を少し高い位置から客観的・批判的に考えることを「メタ認知」とよぶ。メタ認知能力の高い人は、「どうすればよりよく学べるか」と考えることができるので、自律的な学びができるようになる。また、不安を感じたり失敗したりしても冷静に対応できるようになる。さらに、他者の認知も客観的に捉えることができるので、他者の言動から学ぶことができ、協調性も高くなる。

③批判的思考力

　デジタル社会においては、情報の意味を正確に理解し、その根拠となる証拠を吟味しないと、誤った情報や偏った情報を信じてしまう危険性が高まる。また、前提としている自分自身の考え方も疑わないと情報の捉え方も一面的なものになってしまう。今までうまくいっていたやり方であっても今後もうまくいくとは限らない。今までとは違った視点やアイディアを取り入れるためにも批判的思考は重要視される。

3　教師が成長する組織づくり
授業改善プロジェクトの実際

　ICTを活用して「学びとる授業」を創造していくためには、これまで以上に、学校全体で授業の評価・改善を行いながら教育活動の質を向上させていく組織的取組みが求められる。そのためには、子どもたちと同じように「めあて」「対話」「振り返り」といった協働して課題解決を行っていく学習者としてのプロセスを経験する「授業改善プロジェクト」が効果的である。以下、そのプロジェクトの概要を説明する（**図3**）。

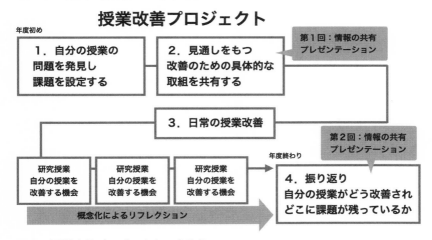

図3　授業改善プロジェクトの全体像

⑴自分の授業から問いを立てる

　まず、校内研修で、それぞれの教師が対話を行いながら、日常的な自分の授業を省察して問題点を発見するところからスタートする。例えば、「教師がしゃべりすぎて、子どもの発話の機会が少ない」「振り返りの時間がとれない」「情報端末の効果的な活用方法がわからない」といったことである。その問題点を改善するために具体的な取組みを考える。これが課題といわれるものである。「子ども一人一人の発話の機会を増やすにはどうしたらよいか」「情報端末の効果的な活用方法を知るためにはどうしたらよいか」といった「問い」の形にすることで探究的な取組みとなっていく。

⑵見通しを立てて全員で共有する

　見通しは、「こうすれば自分にもできそうだ」「こんなことに挑戦してみたい」といった期待やわくわく感があったものが望ましい。例えば、「小集団による対話がしやすいような学習形態を取り入れる」「毎時間の振り返りを情報端末で記録して全員で共有する」「情報端末の活用アイディア情報交換会を行う」といったものである。そして、それを全教職員で共有する。一人一人がプレゼンテーションを行ってもよいし、教科ごとや課題ごとによるグループでのプレゼンテーションでもよい。重要なことは、課題と見通しを宣言することによって、この1年間の一人一人の取組みを共有し、協働して解決する仕組みを見えるようにすることである。

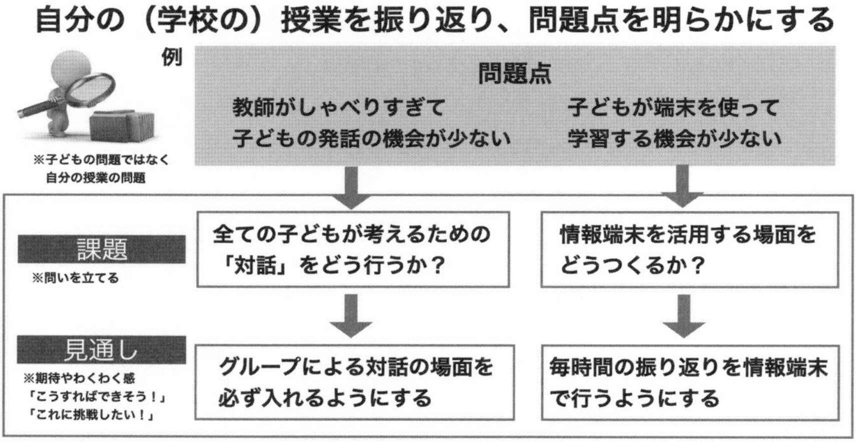

自分の（学校の）授業を振り返り、問題点を明らかにする

図4　問題を発見する・課題を立てる・見通しをもつ

⑶研究授業から学んだことを概念化して自分の授業に生かす

　授業研究会では、研究授業の「よかった点」や「改善点」を情報機器を使って1枚のシートに全員が同時に記入し、対話によって意見交換を行うことで、意見の集約が効率的に行われる。また、対象となった授業そのものの評価にとどまらず、そこから授業のポイント」を概念化（応用可能な言葉に一般化する）する。さらに、自分の授業にどのように活かすかといった振り返りまで発展させることによって、学校全体の授業改善が促されることになっていく。

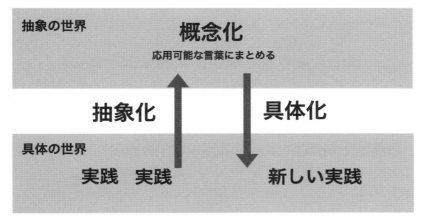

図5　概念化（応用可能な言葉にまとめる）
参考：「社会と人にかかわるヒント」https://human-relation.net/2017/07/01/consider/

⑷自分自身の授業をどのように改善したか共有する

　年度の終わりには、一人一人が自分の授業改善の取組みを発表する。教職員の人数にもよるが、１人が３分程度のプレゼンテーションを行うことによって、確実に授業改善が進展することになる。

　こうした新しい授業研究会に変化させることによって、「学びとる授業」のよさを教師集団が学習者として体験的できるようになり、学び手として成長していく。こうした教師集団の学びのあり方は、そのまま子どもたちの学びのあり方に反映されるのである。

【注】

1　文部科学省『子供たち一人ひとりに個別最適化され、創造性を育む教育ICT環境の実現に向けて～文部科学大臣メッセージ～』2019年12月19日

2　OECD編著『21世紀のICT学習環境──生徒・コンピュータ・学習を結び付ける』明石書店、2016年

3　アンドレアス・シュライヒャー著、鈴木寛ほか監訳『教育のワールドクラス──21世紀の学校システムをつくる』明石書店、2019年

4　前田康裕著〈文と漫画〉『まんがで知るデジタルの学び』さくら社、2021年

5　中央教育審議会「『令和の日本型学校教育』を担う教師の養成・採用・研修等の在り方について～「新たな教師の学びの姿」の実現と、多様な専門性を有する質の高い教職員集団の形成～（答申）」2022年

| 第6章 |

「誰一人取り残さない」学校文化をつくる

1　多様性と包摂性を実現する学校文化の醸成

岐阜大学大学院教授　**柳沼良太**

(1)ウェルビーイングを目指す学校文化

　ウェルビーイングは、精神的、身体的に健康な状態であるだけでなく、社会的、経済的にも良好で満たされている状態にあることを意味する。経済協力開発機構（OECD）のPISA2015年調査国際結果報告書では、ウェルビーイングを「生徒が幸福で充実した人生を送るために必要な心理的、認知的、社会的、身体的な働きと潜在能力である」と定義している。また、OECDのラーニングコンパス2030では、個人と社会のウェルビーイングが共通の目的地であるとも示されている。こうした包摂的な意味合いをもつウェルビーイングを実現するために、学校はその土台となる「精神的、身体的、社会的、経済的に誰一人取り残されない学校文化」を醸成することが重要になる。そうした学校文化の指標となるのは、子どもたちの多様な実態を受け止めること、および共生社会に向けて学校の包摂性を高めることである。

　近年、いじめの重大事態の発生件数、児童生徒の自殺者数、不登校の児童生徒数、特別支援教育を受けている障害のある児童生徒数などが増加傾向にある。さらに、医療的ケア児や病気療養中の子、ヤングケアラーの子、貧困を抱える子、外国籍の子、文化的・言語的背景の異なる子、特定分野に特異な才能のある子など、多様で複雑な課題を抱える子どもたちがいる。こうした多種多様な子どもたちを誰一人取り残すことなく、生き生きとした人生を享受できるような学校文化を醸成するために、どのような支援をすることができるか。以下では、精神的、身体的、社会的、経済的なウェルビーイングをいかに実現するかについて4つに分けて具体的に検討したい。

①精神的ウェルビーイングの実現

　まず、精神的ウェルビーイングを実現するために大事になるのは、すべての子どもの心理的安全性を確保することである。令和の日本型学校教育答申で提言された「個別最適な学びと協働的な学びの一体的充実」は、子どもの多様性に応じて最適な主体的・積極的な学びを保障するとともに、他者と学び合い対話し協働し合う機会を確保するものである。そこでは、心理的安全性を前提とした「風通しのよい」教室や学校を実現する必要がある。

　次に、言語教育の充実である。通常の会話が十分にできずにコミュニケーションに支障のある子どもがいる一方で、外国籍で日本語がまだ十分に扱えない子どももいる。言語コミュニケーションが不自由な場合は、特別支援学級で個別に指導を受けられるようにするとともに、教科によっては通常学級で集団授業を受けられるように配慮する。国内外において外国人の子どもと交流する留学、異文化交流や国際理解教育を拡充することも有意義である。多様な文化と交流できる読書活動も推進したい。

　さらに、生徒指導や教育相談、道徳教育の改善・充実である。共生社会の実現に向けて、自己指導能力や道徳性に関わる資質・能力を育成することが重要になる。生徒指導では、発達支持的な集団指導を行い、子どもが自発的に自らを指導する能力を育成し、教育相談では、子どもの個別な問題に寄り添って自他理解を促し社会的な自己実現ができるよう支援することができる。道徳教育では、子どもが自ら人生の諸問題を考え解決に向けて話し合う中で、豊かな感性や人間性を育めるように働きかけることができる。

②身体的ウェルビーイングの実現

　次に、身体的ウェルビーイングを実現するために、心身の健康を維持・改善するための働きかけが重要になる。生活習慣の乱れやストレスで健康上の課題を抱える子どもも増える中、心身の健やかな育成に向けた学校保健やスポーツ活動が大事になる。また、体育の時間はもちろん、休み時間などに校庭で子ども同士が一緒に遊べる時間も確保したい。

　また、様々な体験活動（自然体験活動、社会体験活動、文化芸術活動等）は、子どもの自己肯定感や自己効力感、協調性、主観的幸福感などウェルビーイングの向上に資する。体験活動を通して他者と協働する機会も生じ、人間関係を調整することで共生社会の実現にもつながる。

　僻地の学校に通う子や、不登校児、医療的ケア児、障害のある子などの学習機会や交流機会の充実も求められている。そこで、GIGAスクール構想における1人1台端末や高速通信ネットワークを活用することで、様々な国や地域の人々と豊かに交流することができる。こうしたICTを活用することで身体的・距離的制約をなくし、子どもの状況やニーズに応じた学習環境を提供できる。

③社会的ウェルビーイングの実現

　地域や社会とのつながりを通したウェルビーイングの実現も重要になる。これからの学校は、異なる立場や年齢や価値観をもった人々同士が、互いの組織や集団の境界を越えて交流し協働して学び合うことが求められる。

　そこで、子どもが地域で交流するキャリア教育・職業教育などは、自らとは異なる立場や地域にいる人々と接することができ、異なる環境に身を置いて考える貴重な機会となる。高校では、地域連携プラットフォームなどにより、生徒と地域との協働を進めていくこともできる。こうした社会とのつながりの中で、子どもは自分のよさや可能性を見出すとともに、多様な他者を価値ある存在として認識して交流することができる。また、異質の他者との交流がイノベーションを創出し、活気ある社会の発展にもつながる。

　個人と社会のウェルビーイングを同時に実現するために、保護者や地域住民が学校運営に当事者として参画するコミュニティ・スクール構想を進めていくことも重要である。こうした地域住民の参画によって地域と学校が連携・協働する地域学校協働活動を推進することができる。また、地域の多様な人材を活用して、家庭教育支援チームの活動を推進することもできる。

④経済的ウェルビーイングの実現

　家庭の経済的状態が子どもの学力に影響を与える中、経済的なウェルビーイングを実現することも重要になる。こうした家庭の経済格差と連動した学力格差や教育格差を是正するためには、子ども一人一人のニーズに合わせた教育資源の公平・公正な配分を行う必要がある。特に、社会経済的指標の低い層を幼少期から経済的に支援することが現実的に重要になる。

　我が国の18歳未満の子どもの相対的貧困率は13.5％であり、7人に1人の子どもが相対的貧困状態にあるとされる。こうした経済的困窮を抱えた子どもは、教育や体験の機会に恵まれず、地域や社会から孤立して、様々な面で不利な状況に置かれてしまう。こうした家庭の経済事情に左右されることなく、誰

もが希望する質の高い教育を受けられるよう、幼児期から高等教育段階まで切れ目のない形で教育の無償化や負担軽減を行い、奨学金制度を整え、教育の質を保障するとともに向上させることが求められる。

(2)子どもの多様性に応じた学校の包摂性の実現に向けて

　子どもたちの課題に応じた個別最適な指導・支援を行い、相互に多様性を認め合い、個人と社会のウェルビーイングを実現する教育環境を整備することが重要になる。上述した充実策はその一例であり、地域や学校の諸事情によって独自に展開されることになるだろう。学校は、学習機会や学力を保障するだけでなく、精神的・全人的な発達・成長を促し、安全・安心に人とつながる機会や体験の機会を公平・公正に提供する役割もある。

　こうした学校で、子どもの多様性に応じた学校の包摂性を実現するために、全教職員が共生社会の実現という理念を共有して、総合的かつ組織的に取り組むことが求められる。また、子ども、学校、および保護者・地域住民が相互にウェルビーイングを高められるように、三者が一体となって総合的に学校の包摂性を持続可能な形で相互補完することも期待される。

2　すべての子どものためのインクルーシブ教育

帝京大学大学院教授　荒巻恵子

(1)障害観から健康観へ——ウェルビーイングの捉え方の変遷

　障害学の分野では、障害者の社会保障や福祉の充実を図るために、ウェルビーイングの考え方は1970年代から検討されてきた。世界保健機関（WHO）は、1980年に国際障害分類（ICIDH）を発表し、2001年に国際障害分類改訂版として国際生活機能分類（ICF）を採択し、疾病や障害の分類、障害者のためのウェルビーイングの概念を整理している。

　ICIDHとICFは、どちらも障害を捉える分類体系であるが、ウェルビーイングに対する考え方に大きな違いがある。ICIDHは、ウェルビーイングを「障害がもたらす不利や制限の程度」と定義して、ウェルビーイングを阻害するマイナスの視点にあるものが障害であることから、障害の程度によってはウェル

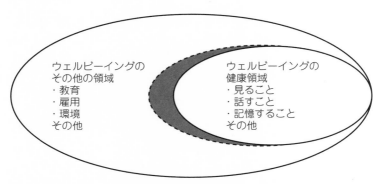

図1　WHOによる万物のウェルビーイング（ICFより筆者訳）

ビーイングの実現が難しいとしている。つまり、ICIDHは障害観からウェルビーイングを捉える。一方、ICFは健康と健康関連の要素からウェルビーイングを捉える。健康の要素には人の基本的な生活機能があり、健康関連の要素には、教育や雇用、環境など人の生活機能を支える領域がある。ICFでは、個人の心身機能や身体構造、活動や参加、およびそれを支える環境因子と個人因子が相互に影響し合うという関係によって健康状態を捉え評価する。ICFでは、ウェルビーイングを「個人が自分の望む生活を送ることができる程度」と定義している。障害のある人でも環境因子を整えることで十分な社会活動や社会参加ができることは健康な状態であり、ウェルビーイングを実現できるというポジティブな視点から捉える。

　WHOは、ICFの健康観を総体して「万物のウェルビーイング（The universe of well-being）」を示している（**図1**）。厚生労働省（2002）による『国際生活機能分類－国際障害分類改訂版－（ICF）』では、well-beingは「安寧」と訳され、The universe of well-beingは「安寧の範囲」と訳されている。universeは森羅万象という意味をもち、地球上の生物、自然、環境、さらには、宇宙にまで広く、万物を指している。WHOのウェルビーイングの概念は万物を包摂するインクルーシブな世界観を示している。

⑵すべての子どもが健康によりよく生きる

　WHOはICFの考え方に基づき、2007年には発達段階にある児童および青年を対象にした『国際生活機能分類－児童版－（ICF-CY）』を提供し、障害のあ

る子どもも障害のない子どもも、平等にウェルビーイングを享受できることを示した。ICF-CYはICF同様、健康と健康に関連する領域からウェルビーイングを構成する要素を定義し、注意・記憶・知覚などの精神機能、および、遊び、学習、家庭生活、教育など、いくつかの活動が含まれる。特に、活動の領域にある「学習（学習活動・学習成果）」は、児童および青年にとって、学習は重要な活動であり、ウェルビーイングを実現するために不可欠であると考えられている。また、環境因子の領域にある「教育環境（教育機関、教育方法、教育資源）」では、児童および青年のウェルビーイングは、教育環境によって大きく影響を受けると考えられている。例えば、注意や記憶などの精神機能が低下していると、学習や遊びに集中することが難しくなる。怪我などで身体に障害をもつと、移動や日常生活動作に困難を伴うこともある。しかし、家族や学校、地域などが環境のウェルビーイングを促進していくことにより、子どもたちは自分の望む生活を送ることができる。ICF-CYを、教育、臨床、行政、医療、政策、研究などの様々な分野が活用することによって、すべての子どものウェルビーイングを実現する方向に改善することが重要である。

(3)すべての子どもが健康により良く生きるウェルビーイング

　2009年3月に改訂された特別支援学校教育要領・学習指導要領解説自立活動編では、ICFの概念が取り入れられ、障害のある児童生徒の学習上または生活上の困難を、心身機能や身体構造、活動や参加、およびそれを支える環境因子と個人因子の相互関係から捉えることが明確になっている。

　自立活動の指導は、障害による学習上または生活上の困難を改善または克服するために必要な知識やスキルを育むことが目標である。ICFの視点から、個々の児童生徒の実態を正確に把握し、指導内容を設定する必要がある。自立活動の指導におけるウェルビーイングは、特に次の3つの視点で捉えることで、より具体的な指導内容や方法を検討しやすくなる。

　①自立活動を通して、その子の自己肯定感や社会参加意識を高めること
　②自立活動を通して、その子の周囲の人々との関係を良好にすること
　③自立活動を通して、その子の障害による学習上または生活上の困難を改善または克服すること
　自立活動の指導においては、これらの視点を踏まえた個々の児童生徒の実態

に応じた指導を行うことで、一人一人のウェルビーイングを実現していくことが大切である。

[参考文献]
・世界保健機関（WHO）「国際生活機能分類」（ICF）2001年
・世界保健機関（WHO）「国際生活機能分類―児童編―」（ICF-CY）2007年
・文部科学省特別支援学校教育要領・学習指導要領解説自立活動編、2009年

3　外国にルーツのある子ども

大阪教育大学教授　臼井智美

⑴外国にルーツのある子どもに必要な「特別な配慮」とは何か

　「特別な配慮が必要な児童生徒」の例として、しばしば外国にルーツのある子どもは挙げられるが、そこでの「特別な配慮」とは一体何だろうか。なぜ、外国にルーツのある子どもは「特別な配慮」が必要だといわれるのだろうか。本項の結論を先に述べると、外国にルーツのある子どもに必要な「配慮」は、実は外国にルーツがあるかどうかにかかわらず、すべての子どもにとって必要なものであり、もともと教育活動を組み立てるときに前提としているはずの手立てだということである。別の言い方をすると、日本人の子どもにとっても必要な手立てにもかかわらず、「日本人」という枠組みで括ることで見落としてきた手立ての必要性が、「外国人」という枠組みが加わることで可視化されたといったほうがよい。その意味において、必要なのは、特別な配慮でも個別な配慮でもない。

　「外国人」を強調することは、外国にルーツのある子どもをますます「異なる者」として特徴づけるリスクを併せもつ。「誰一人取り残さない」とは、教職員がもつ「普通」像からはみ出た子どもに個別の指導を追加することで、「普通」へ近づけていくことではない。意識的であれ無意識的であれ、「普通」像との距離感で子どもの生活態度や学習状況を測ろうとする、単一化された判断基準が自身の中にどう根付いているのか、換言すると、外国にルーツのある子どもへの支援を「特別なもの」として個別化の方向に括り出そうとする、大

元の子ども観や指導観を問い直す必要がある。

(2)日常会話での日本語力と学習活動での日本語力

　「外国にルーツのある子ども」（あるいは、外国人児童生徒等）とは、本人や親族が外国籍か外国出身の子どもを意味する。かつて文部科学省は「外国人児童生徒」の語を使用し、外国籍の子どものみを指していたが、近年は「外国人児童生徒等」の語に替わり、「等」を付して日本国籍の子どもを含むようになっている。ここでの日本国籍の子どもとは、外国籍から日本国籍に変更した場合や、日本国籍者と外国籍者の国際結婚家庭に生まれた場合など、家庭内で日本語・日本文化以外の言語や文化にも親しんで育ってきた子どもを指す。そのため、「外国にルーツのある子ども」と言うとき、自ずと子どもの言語的ニーズや文化的相違に注意が向けられることになる。

　言語的ニーズと言えば、かれらには日本語指導という特別な指導が必要ではないかと指摘されるかもしれない。しかしながら、世間の人々がイメージするであろう日本語指導と、学校の中で教職員が担う日本語指導は別物である。教育行政施策において「日本語指導が必要な児童生徒」とは、「日本語で日常会話が十分にできない児童生徒、もしくは、日常会話ができても学年相当の学習言語が不足し、学習活動への参加に支障が生じている児童生徒」を指している（文部科学省「日本語指導が必要な児童生徒の受入状況等に関する調査」）。ここには、２種類の日本語力への言及がある。

　前者の子どもに対する日本語指導は、その必要性が見落とされることは少ない。なぜなら、日本語で日常会話が十分できるかどうかは、話しかけてみればすぐにわかるからである。指導が必要だと判断された子どもは、日常会話やひらがな等を学ぶ初期型の日本語指導を、自治体のプレクラス（初期日本語指導教室）や在籍校での「特別の教育課程」、あるいは、NPO等の民間の日本語指導教室で受ける。いずれの指導体制もないために学級担任等が個別対応する学校もあるが、指導体制上の課題は別として、日常会話力の習得を目的とする日本語指導の充実は、もともと在籍学級を主たる指導場所として構想されておらず、担い手も学校教員とは限らない。

　一方で、後者の子どもに対する日本語指導は事情が異なる。どの子どもがその日本語指導を必要としているかは、日常会話だけではわからないからであ

る。学習言語力の習得状況は、国語科の教材文を読んで作者の主張を説明できる、算数科の文章問題を読んで立式できる、社会科で複数の資料を使った調べ学習ができるといった、教科の学習活動への参加の様子や定期テスト等の結果で判断する。しかしながら、こうした場面で困難を見せる子どもは、教職員には学習言語力が未熟だから日本語指導が必要な子どもと認識されるのではなく、学力の低い子どもとして捉えられがちである。それゆえ、相当数の子どもの日本語指導の必要性が見落とされている。

(3)学習言語力をはぐくむ日本語指導の重要性

　学習言語は、日常会話で使用する生活言語とは異なり、教科等の学習で使用する言葉で、次のような特徴をもっている。①日常会話で使用するときと異なる意味を表す。例えば、日常会話での「会社ではたらく」と、教科学習での「磁石がはたらく」（理科）は、「はたらく」の意味は全く異なる。②日常会話ではしない言葉遣いをする。例えば、「直線Lの上に点Pをとる」（数学科）の表現で、「点Pを書く」とは言わない。③教科や文脈によって意味が変わる。例えば、「円の中心」（算数科）、「物語の中心」（国語科）、「政治の中心」（社会科）のように、「中心」の意味はみな異なる。

　このように、教科等の内容を理解する上で学習言語の習得は不可欠である。これは外国にルーツのある子どもに限ったことではなく、日本人の子どもにも当てはまる。学習言語力が未熟な子どもは学力形成に難しさを抱えるため、日本人の中にも、学力が低いのではなく学習言語力が育っていないために教科等の内容が理解できていない子どもが多数いると予想される。「文章問題になったら解けない」と言われる子どもが、まさにその例である。学習言語力が学力形成に影響することを想像しにくいかもしれないが、移民諸国では、学校の教授言語（公用語）と子どもの母語が異なると学力形成にハンデがあることは周知の事実である。

　学習言語力をはぐくむ日本語指導に着目することで、「日本人」という枠組みで全員が日本語母語話者だと想定していたときには気付かれなかった、日本語力と学力の関係に光を当てることができる。日本語力が育っていない子どもに、言語力をはぐくむ手立てを入れずに練習問題のプリントを何枚やらせても、学力は伸びない。いつも授業がわからない、自分はやっぱりできないんだ

と苦しんできた日本人の子どもに対しても、学習言語力をはぐくむ日本語指導は有用である。学習言語力をはぐくむ日本語指導という観点は、子どもの学力の伸び悩みの原因を子どもの側ではなく、指導の不足や欠如といった教員の側にあるのではないかと省察する契機となる。この教科型の日本語指導は教科等の学習活動の中で実施されるため、主たる指導場所は在籍学級であり、指導の担い手も学級担任や教科担任だからである。学習言語を意識し始めると、日頃の自分の説明が雑だったこと、教科や文脈で意味を変える単語への注意がなかったこと、そして、子どもの語彙力を生活面でも学習面でも把握してこなかったことに驚くだろう。

(4)文化的相違や経験の乏しさへの手立て

学習言語力をはぐくむことに加えて、文化的相違や経験の乏しさへの手立ても必要である。学習内容の理解には、関連経験の有無が影響するからである。「(やかんの)湯気」といわれても、何かわからなかった子ども。「夜空に青い星と赤い星がありますね」と聞かれて、真っ青の色をイメージした子ども。「(動物が亡くなる場面で)登場人物の気持ちは」と聞かれて、「すずしい気持ち」と答えた子ども。いずれも関連経験がなく、経験を通じて獲得するはずの言葉をもたなかったため、「青い星」とは青白い色を意味すること、気持ちの表現で「すずしい」を使わないことを子どもは知らなかった。最近では、経験の不足により学習参加に難しさをみせるのは、外国にルーツのある子どもだけではなくなってきている。子どもの言動に違和感をもったとき、「普通」ではない子どもだと判断する前に、文化や経験の違いや不足があるかもしれないという可能性を想像してみることで、子どもの学習や生活を前に進めるための手立ての選択肢も出てこよう。

| 第7章 |

カリキュラム・マネジメントにおける
子どもの参画

甲南女子大学教授　村川雅弘

　現行学習指導要領において進められているカリキュラム・マネジメントは各学校の教職員が主体である。学習指導要領の総則（小中共通）にも明記されている。本章では、2つ目の側面の「PDCAサイクルの確立」における、教育活動の当事者である児童生徒の参画の意義について具体事例を通して論じる。

1　生徒参加の「年間指導計画の見直し・改善ワークショップ」

　東京都八丈島八丈町立富士中学校は、2020年2月から全世界を襲った新型コロナ感染症拡大の最中の7月に、秋の運動会の実施に向けての生徒による運動会実行委員会を立ち上げた。密を避けるための新種目の考案を、生徒によるアンケート調査を行い、生徒による企画会議や職員会議を重ね、新種目「魔女の宅急便」「雲のじゅうたん」のルールや演技図を完成させ、実施している[1]。
　2022年3月に実施した、教育課程全体や学校行事、総合的な学習の時間等の年間指導計画の見直しを行うワークショップ（富士中では「マトリクスを用いた学校行事等の最適化ワークショップ」と呼んでいる）において、生徒の参画を試みた。前日夕方の研修の打ち合わせの時に、前述のように特別活動の運動会ではあるが、生徒が主体的に新種目を考えるという経験を行っていたので、筆者はこの研修においても「生徒参加」を持ちかけた。突然の提案にもかかわらず、教員はすぐに動き、部活で残っている生徒に声かけを行い、当日の研修には9名の生徒が参加した。
　研修では、「教育課程全体を見直す」2チームに4名、「総合的な学習の時間を中心に見直す」チームに3名、「特別活動を中心に見直す」チームに2名、計9名の生徒が教員に交じって年間指導計画の見直しを行った（**写真1**）。教

育課程の全容が見え、活動相互の関連も検討できるように、Ａ３判の用紙を８枚つなげた分析用シート（活動の様子を想起できるようにカラーの写真が随所に入れられている）をテーブルに広げて協議を行った。各自が考えたことを付せんに記しそれをもとに協議し整理する方法ではなく、チームで協議した結果を付せんに記す方法を採った。付せんは「青色」（よかった点）、「黄色」（問題点）、「桃色」（改善策）と使い分けた。

写真１

　冒頭での研修の目的や方法、時間設定等の説明の中で「できれば発表も生徒さんに」と半分冗談で言ったが、ふたを開けてみれば４チームとも生徒が発表を行った（**写真２**）。例えば、「教育課程全体を見直す」チームは「小学校へ

写真２

のボランティアの中学生のリトルティーチャーを夏休みの学習教室とつなげて行い、学び合う」や「防災学習の避難所設営でカードを使ったが、実際に校舎を使ってやりたい」「学び方学習会を何のためにやるのかを明確に示す必要がある」などと提案した。また、「総合的な学習の時間」チームは３年間の活動をつなげる提案を行った。

　参加した生徒の感想をいくつか紹介する。「意味がないと思っていた行事について、生徒が何を不満に思っているのか、どんな活動をしたいと思っているのか、伝えられたのがよかった」や「自分が行った行事のよさ、悪さ、改善点がわかったのと、２・３年生になると何をするのかもわかってよかった」「生徒と先生が思っていることは違うので、生徒の意見を聞いてくれるのがよかった」と参加したことを好意的に捉える感想が大半であった。教育活動の主役は

生徒である。当事者の率直な意見に耳を傾けることの意義や重要性を生徒の姿や感想から改めて感じることとなった。

　教員の「生徒が意欲的に発言をしていた。教員が生徒主体になるようにファシリテートしていたのがよかった。生徒にとってもよい経験になった」の感想にあるように、教員は生徒の思いや考えを上手く引き出していた。実際、「意見が言いやすかった」という生徒の感想は多かった。また、「様々な新しい取組みをやっているからこそ、このようなフィードバックが大事だと強く感じた」とあるように、富士中のように生徒主体の新規の行事等を立ち上げていく際に、生徒の目線で一度立ち止まってみることは必要である。

2　生徒による授業研究会

　学校のカリキュラムマネジメントのPDCAサイクルのDの中に、日々の授業のpdcaサイクルがある。授業を計画・実施し、その日の理解状況等により、その次の授業で補足説明をしたり、別の教材を投げ込んだりする。教師は日々pdcaサイクルを廻している。教師一人一人のきめ細かいpdcaサイクルが廻ってこそ、学校の大きなPDCAサイクルが有効に機能していくのである。

　個々の教師が独りよがりに陥らないように、時折、組織的にｃを行うのが授業研究である。通常の授業研究は、１つの授業を複数の教師が参観し、事後で協議する。研修全体での学びを、授業を通して児童生徒に還元する。

　熊本大学附属中学校では、授業の当事者である生徒自身が授業を参観し、事後研を行い、そこで学んだことを生徒自らが学級に還元する。このような取組みを15年以上続けてきた。

　同中は文部科学省の「これからの時代に求められる資質・能力を育むためのカリキュラム・マネジメントの在り方に関する調査研究」（2020・2021年度）の研究指定校である。筆者は調査研究の一委員として、2021年12月および2022年10月に同中を訪問した。

　「学習リーダー会」の生徒自身が研究授業を参観し、授業研究会「響き合い学習」を行い、その生徒が研究会の成果を各教室に持ち帰り、生徒の手で授業改善を行う。

　2021年12月の訪問時、「響き合い学習」の様子はリアルタイムで教室のテ

レビを通してその研究授業を行った3年生の教室で公開されていた。「響き合い学習」の様子を観る眼はどの生徒も真剣で、下学年の生徒の率直な意見にも熱心に耳を傾けていた。協議の中で下学年に褒められた3年生が満面の笑みで自然と拍手をしている姿をとても微笑ましく感じた。

写真3

2022年10月の研究発表会では、3年の音楽と国語の授業を参観した。両授業とも発表力や話し合う力の定着を強く感じた。公開授業は前・後半5つずつあり、その内の2つの授業が「響きあい学習会」の対象となっていた。前半・後半の公開授業以外の学級の学習リーダーが校内外の教員に交じって授業参観した。

写真4

　ある2名の学習リーダーはグループ学習の輪の中に深く入り込み、そのグループの生徒に話しかけ、何かやり取りをしていた（**写真3**）。2人の姿から、授業研究会の協議を深めるために必要な情報を得たいという意欲や責任感が伝わってきた。「学習リーダー会」も他の委員会と同様に選出により決まるが、希望して継続している委員もおり、生徒間で授業研究のノウハウがうまく引き継がれている。

　2022年10月の「響きあい学習会」は体育館において、音楽と国語の授業を参観した「学習会リーダー」24名が二手に分かれて行った（**写真4**）。司会が冒頭の挨拶を行い、各参観対象学級の学習リーダーが自己評価を述べた。そして、司会は今回の学習会のテーマの確認を行った。

　「学習リーダー会」はそれまでの半年間、クリティカルシンキングに着目し協議を進めてきた。当初は「あら探し」的な狭い意味で捉えていたが、その

後、筆者の助言もあり、軌道修正を行い、その時点で「自分と相手の意見を客観視し、常に穴はないか、多面的な視点で慎重に思考することで、問題解決の過程を深める」と定義づけている。

「クリティカルな考え方」として、「①まずは相手の意見を尊重し、自分と相手の共通点を見つけよう」「②次に自分と相手の意見を客観的に捉え、内容をきちんと理解しよう」「③そして意見の相違点を比べ、言葉を交わし、新たな視点を取り入れよう」「④最後に『新たな視点』を加えて自分の意見を深めよう」と、４つのステップを設定し、自ら学習者として実践するとともに、「学習リーダー」としてこの４つのステップを意識して、観察・分析・協議を行っている。「主体的・対話的で深い学び」に対応した過程である。生徒たちの手により授業研究の先進校さながらの取組みが展開されている。

その後、「クリティカルな考え方が使えていたか」（７分）および「今後の附中の課題」（７分）がグループごとに行われて、２つのグループ間で最後に共有化を図った。二手に分かれた話し合いでも全ての生徒が発言できるようにペアトークを適切に取り入れていた。

「響きあい学習会」ほど綿密なものではないが、筆者が見聞したもので児童全員が授業参観した取組みがある。一つは40年ほど前の兵庫県の小学校で、初任の学級の児童全員が学年主任の学級の授業を参観し、自分たちの授業をどう改善したらよいかを話し合った実践である。一つは15年ほど前の東京都の小学校で、学校が目指している研究主任の授業を体育館で行い、全児童が参観し、各学級の授業改善を図ったものである。授業の当事者は子どもである。どのような方法であれ、子ども自らが授業改善に関わることは有効な手段である。

3　子どもたちによる目標実現に向けての
カリキュラム・マネジメント

今次改訂で文部科学省が推進しているのは「学校のカリキュラム・マネジメント」であるが、「教科・領域のカリキュラム・マネジメント」や「学級のカリキュラム・マネジメント」などがある。最終ゴールは「子ども一人一人の自己の学びのカリキュラム・マネジメント」と考える。子ども一人一人がなりた

い姿やつけたい力を思い描いて、その実現を目指して生活したり学んだりしていくことである[2]。この「子ども一人一人の自己の学びのカリキュラム・マネジメント」の力を育んでいく過程で「子どもたちによる学習活動のおけるPDCAサイクルの確立」と「学校のカリキュラム・マネジメント推進への主体的な参画」が求められる。

岡山県真庭市立遷喬小学校の取組みを紹介する。

2021年10月の公開研究会では、6年生の総合的な学習の時間「スマイル大作戦をしよう」（全50時間）の1時間を参観した。76名の児童が12チームに分かれて、学校を笑顔にする「スマイル大作戦」および学年目標「ONE TEAM〜心を一つに・学校を一つに〜」実現の一環として全校児童を対象とした「スマイル祭り」に取り組んでいる。この日の授業は、各チームの他学年に対するリサーチ結果をもとに活動計画の見直し・改善を行うところである。学年目標と総合的な学習の時間の単元目標が関連し、2つの目標の実現に向け、12チーム一つ一つがPDCAサイクルを廻している。

例えば、「人間すごろく」チームは、下学年児童を対象に行ったリサーチ結果を踏まえて、「低学年と高学年で問題を変える」「20マスごとにガイドをつける」などと変更している。

その時点においては各チームが共通の目標の実現に向け、Researchを含めたPDCAサイクルを実体験している段階である。「スマイル祭り」は全児童を対象とし、学校全体が会場となる。例えば、「人間すごろく」チームも4人ではとても手が回らない。6年生全員による大イベントの成功には「スタッフ（76名）」「時間（準備を含め3コマ）」「場所（教室やオープンスペース、体育館を含む学校全体）」のマネジメントが求められる。公開授業の翌日から、チームを越えた取組みが始まっている。こういった体験の積み重ねが最終的に「子ども一人一人の自己の学びのカリキュラム・マネジメント」の育成につながる。

筆者には、学校改革における「三種の神器」がある。「生活科と総合的な学習における社会貢献による資質・能力の育成と自尊感情の醸成」「学習技能（特に、言語活動）の定着と活用」「ワークショップ型研修の導入」である。30年以上にわたり年間平均15校程度の小・中・高等学校の指導・助言を行ってきたが、「三種の神器」を使う限り失敗はない。なお、言語活動に関しては、

学習指導要領の総則の中で「学習の基盤」となる教科等横断的な資質・能力の１つとして、その育成・定着を重視している。

遷喬小は「三種の神器」を忠実に守ってきた学校の１つである。この学年も12チーム76名の子どもたち一人一人が本時のめあてに向けて、主体的・協働的な学びを展開していているのは、一人一人が目標を意識しその実現に向け活動していること、そのための「表

教科等横断的な視点に立った資質・能力の育成

　基礎的・基本的な知識及び技能を確実に習得させ、これらを活用して課題を解決するために必要な思考力、判断力、表現力等を育むとともに、主体的に取り組む態度を養い、個性を生かし多様な人々との協働を促す教育の充実に努めること。その際、児童（生徒）の発達の段階を考慮して、児童（生徒）の言語活動など、学習の基盤をつくる活動を充実するとともに、家庭との連携を図りながら、児童（生徒）の学習習慣が確立するよう配慮すること。

（総則　第1の2(1)）

現し合う・聞き合う力」、つまり言語能力が定着しているからである。同校はオープンスクールで、各学年とも２学級の児童が、特に生活科と総合的な学習の時間の時間に関しては、普通教室６個分のスペースに分かれて活動することが多い。各活動の円滑化・充実化のためには、児童一人一人の言語能力の定着は必然である。

2021年度始めに、６年生が主体的・協働的にワークショップを行った。学校がその育成・定着を目指している「聴ききる」姿と「表現し合う」姿を具体的に整理し、各学年にPRを行った。前者に関してはピラミッドチャートを用いて、３段階で示し、「相手の方を向いて最後まで聞く」など３つ→「反応しながら聞く」など２つ→「考えながら聞いて実行する」など２つを示し、レベルアップの大切さを訴えた。後者も同様に３段階で示した。

各学年の児童はそれに触発されて自分たちで考え、まとめ、学年内での共有化を図っている。右の掲示物（**写真５**、**写真６**）は１年生の教室に貼られているものであ

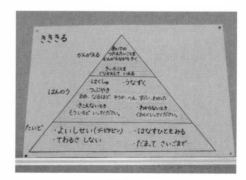

写真５

る。「聴ききる」「表現し合う」上で必要な事柄が具体的である。子どもたちに指導する際に、教員は「もっと」「よく」「真剣に」という言葉を使いがちだが、「どうすればレベルアップできるのか」が子どもたちの言葉で具体的に示されている。この取組みは、少し形を変えながら2022年度・2023年度も続いている。

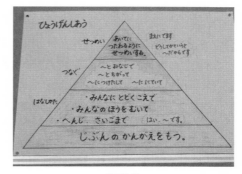

写真6

　カリキュラム・マネジメントとは端的に言えば、「目標の実現に向けて、教育活動のPDCAサイクルを確立すること」である。子ども自身がそれを実現していく上で、「言語活動の充実」は不可欠である。総合的な学習の時間だけでなく、教科学習や学校行事、委員会活動、学級づくり（「学級のカリキュラム・マネジメント」）等においても同様である。

【注】

1　田後要輔「コロナ禍における探究的な学習と主体性の育成〜「富士中、学びのメソッド」、運動会新種目考案を通して〜」、村川雅弘編著『withコロナ時代の新しい学校づくり　危機から学びを生み出す現場の知恵』ぎょうせい、2020年、pp.64-71

2　村川雅弘編『学力向上・授業改善・学校改革　カリマネ100の処方』教育開発研究所、2018年、pp.12-18

| 第8章 |

スクールリーダーのやりがい・生きがい

千葉大学名誉教授　天笠　茂

　2022年度から5年を期間とする教育に関わる基本的な計画として第4期教育振興基本計画が策定され、そこに「ウェルビーイング」というコンセプトが盛り込まれた。計画は、持続可能な社会の創り手の育成というコンセプトとともに、日本社会に根差したウェルビーイングの向上を取り上げ、公教育の質的な充実をウェルビーイングに託して目指すとした。

　本章においては、①このようなウェルビーイングが学校経営に求められるようになった背景について、②ウェルビーイングの観点から学校経営を構想するポイントについて、③スクールリーダーとしての校長のやりがい・生きがいとともに、スクールリーダー自身がウェルビーイングを実現するための条件について、述べることにする。

1　"羅針盤" としてのウェルビーイング

　2023年6月16日に閣議決定された第4期教育振興基本計画をまとめた中央教育審議会「次期教育振興基本計画について（答申）」（令和5年3月8日）は、ウェルビーイングを「身体的・精神的・社会的に良い状態であることをいい、短期的な幸福のみならず、生きがいや人生の意義など将来にわたる持続的な幸福を含むものである。また、個人のみならず、個人を取り巻く場や地域、社会が持続的に良い状態であることを含む包括的な概念である」と説明している。

　この計画の策定にあたってOECD「Education2030」によって、これからの時代に教育に求められるものとしてwell-being（個人的・社会的により良く幸せに生きること）が提起されたことも無視できない。

　一方、「ウェルビーイング」について、日本語としては「健康」という言葉

が近い。ただ、身体的な健康にとどまらず、心のあり方とか、あるいは社会のあり方とか、そういった意味も内包されており、歴史を遡れば、WHO憲章（1948）が定義した「健康」にたどり着く。すなわち、健康は、ただ単に病気がないとか病弱ではないということにとどまらず、身体的、精神的、そして、社会的にも満たされた状態と定義されていた。このたびのウェルビーイングの提起は、その定義や有する意義について、今日的状況のもとで再確認を図ったとも捉えられる。

　いずれにしても、ウェルビーイングをもって、公教育や学校の質の充実を目指す取組みは、日本における個人や社会の今日的状況を踏まえた時宜にかなった施策ということになる。

　学校として、ウェルビーイングをどのようにとらえて学校経営に組み込んでいくか。その意味するところの「健康」を、子どもに教職員に、そして、学校に実現を図る。その目指す進路を測る羅針盤としてウェルビーイングはある。いかにウェルビーイングを学校経営に位置付け、子どもや教職員を、また、組織を「健康」な状態に導いていくか。それは、スクールリーダー自身のやりがい・生きがいとしてのウェルビーイングにも関わってくる。いかなる羅針盤をセットして健康的でウェルビーイングな学校への道を拓いていくか。今日の学校経営が受け止めるべきテーマと言えよう。

2　ウェルビーイングの観点から学校経営を構想する

(1)ウェルビーイングをカリキュラム・マネジメントする

　では、子どもの、教職員の、そして、学校のウェルビーイングを目指す学校経営をいかに構想するか。カリキュラム・マネジメントと組織マネジメントの視点から述べることにしたい。

　まずは、第4期教育振興基本計画にある16の教育政策のうち、「目標2．豊かな心の育成」には、主観的ウェルビーイングの向上が位置付けられている。そこには、「日本社会に根差したウェルビーイングの概念整理を踏まえた上で、幸福感や自己肯定感、他者とのつながりなどの主観的なウェルビーイングの状況を把握し、道徳教育や特別活動（清掃や学校給食を含む）、体験活動、個別最適な学びと協働的な学びの一体的充実、生徒指導など学校教育活動全体を通

じて子供たちのウェルビーイングの向上を図る」（下線、筆者）との説明がある。これをどう受け止めて展開していくのか。何が課題であり、どのように受け止めていくのかがテーマとなる。

　この「豊かな心」について、これまでは道徳とか特別活動とか生徒指導などが引き受けてきた。これら教育課程上の位置付けや果たしてきた役割について、ウェルビーイングの視点をもって見直すことが課題とされる。

　顕在的なカリキュラムとして教育課程上の道徳とか特別活動があり、さらに生徒指導がある。同時に潜在的なカリキュラムとしても役割を果たしてきた。このたびの主観的ウェルビーイングの提起は、これまでの顕在的・潜在的なカリキュラムとしての道徳・特別活動、それに生徒指導をめぐるカリキュラム・マネジメントについて、次に挙げる視点から新たな展開を求めている。

・問題行動対応の生徒指導からの転換。自己の幸福と社会の発展を自ら追求する生徒指導の目的を再確認
・自己存在感の感受、共感的な人間関係の育成、自己決定の場の提供、安全・安心な風土の醸成、など生徒指導の4機能を生かした授業の実現
・道徳と特別活動と生徒指導との相互補完関係の重視
・「豊かな心の育成」に関わるカリキュラムのPDCAによる診断と改善
・「豊かな心の育成」を支える人々の連携・協働

　まずは、主観的なウェルビーイングの実現を目指すにあたってカリキュラム・マネジメントに着目する。ウェルビーイングをカリキュラム・マネジメントする観点から、道徳・特別活動、それに生徒指導を推進する学校経営の導入と展開が一つのポイントとなる。

⑵ウェルビーイングを組織マネジメントする

　一方、充実した教職人生の実現ということにおいて、ウェルビーイングの考え方は働き方改革の目指すところとも重なる。働き方改革を審議した中央教育審議会は、学校における働き方改革の目的について、「自らの授業を磨くとともに日々の生活の質や教職人生を豊かにすることで、自らの人間性や創造性を高め、子供たちに対して効果的な教育活動を行うことができるようになること」（「新しい時代の教育に向けた持続可能な学校指導・運営体制の構築のための学校における働き方改革に関する総合的な方策について」（答申）（2019年

1月25日））と明記している。

　ウェルビーイングの浸透を図り具体化を目指すことと、働くことによって充実感を得る職場の実現を目指すこととは重なる。健康的な学校の実現を目指すにあたって、そのカギを握るのが組織マネジメントである。ウェルビーイングを組織マネジメントするにあたって、次に挙げるような要素を取り入れた展開が求められるところである。
・心身の健康への配慮、良好な人間関係によるメンタルヘルスの維持
・個人として組織として目指す目標やビジョンの創設と実現
・やりがいや充実感を生む仕事の創設と共有
・取組みや成果の視える化
・教職員としての成長を後押ししてくれる職場の同僚、校長の存在
・ウェルビーイングな組織風土の形成
　このように主観的なウェルビーイングの実現には、教育課程のカリキュラム・マネジメントとともに教職員と組織を支える組織マネジメントを両輪とする学校経営が求められることになる。その構想と展開にあたって、スクールリーダーの存在とリーダーシップの発揮が問われることになる。

3　スクールリーダーにとってのウェルビーイング

⑴教職者としてのやりがい・生きがい

　このたびのウェルビーイングの提起は、生きがいや人生の意義を考え理解を深める学校の実現の求めと捉えることができる。そのことは、スクールリーダーとしての校長のやりがいや生きがいとも直接的に結びつき、そのあり方が問われることになる。スクールリーダーとしての校長のやりがい・生きがいをいかに捉えるか、また、スクールリーダー自身がウェルビーイングを実現するための条件について述べることにしたい。
　かつて、特色ある学校経営に携わる幾人かの校長にインタビューの機会を得たことがある。その様子については、拙著『学校経営の戦略と手法』[1]に収めた次第であり、改めて読み直してみると、スクールリーダーとしての校長のやりがいや生きがいを捉えるヒントを見出すことができる。その一端を紹介すると、次の通りである[2]。

○　方向性を示したり、新しいアイデアを提起したり取り入れるなど、仕事を進めること自体にやりがいを感じる。一年一年を勝負と捉えてマネジメントを進めることに充実感を見出してきたという。

○　教職員をサポートし育てることにやりがいや充実感を覚える。校長一人で学校は動くわけではないとし、何かに取り組もうとするには、それを担う人を育てなければいけないという。その教職員を育てることにやりがいや充実感をもつ校長も少なくない。

○　"教え子"の成長を教職人生のやりがいとする教職員も少なくない。その上で、教え子が親になり、当時の保護者が祖父母となった地域・学校において校長として学校経営に取り組む。このような機会を得たことに、その場に立ったことに、やりがいや充実感を見出しているケースも見られる。

　いずれにしても、教師として積み上げて歩んできた自らの人生にやりがいや充実感を見出す。教職人生そのものの意義とやりがいや充実感と重ねるスクールリーダーとしての校長も存在する。その自らのウェルビーイングと学校や組織のウェルビーイングの実現とをいかに結ぶか。スクールリーダーとしての校長のあり方が問われるところである。

(2)自らの人生にみるウェルビーイング

　スクールリーダーには、自らの持っているものを生かして組織のウェルビーイングを高める役割が期待されている。そのために、自らの人生に輝きを増す研鑽がリーダーに問われている。

　ただ、学校のウェルビーイングの実現と自らのウェルビーイングの探究が、必ずしも予定調和というわけにはいかない。むしろ、対立や葛藤がつきまとうことも少なくない。葛藤をいかに引き受けどう織りなしていくか。これもスクールリーダーなるがゆえのテーマということもできる。

　その意味で、スクールリーダーには、ウェルビーイングの探究という観点から、教師としての自らの教職人生を見つめ、哲学することが常に問われていると言えなくもない。

　折しも、教職人生をとりまく環境が変化しつつある。その一つが、人生100年時代の提唱である。一般には、「学校で教育を受ける時代」「仕事をする時代」、そして、「老後」と3つの時代によって人生は成り立っていると理解され

ている。しかし、人生100年時代の提唱は、この人生のステージについて、より多様な捉え方があることを問いかけている。

　もう一つが、わが国の社会のシステムとして定年制の持続可能性についてである。「働く時代」と「老後」を区切るシステムとして定年制がある。経済協力開発機構（OECD）は、2024年1月11日に対日経済審査の報告書を公表し、その中で定年制の廃止を提言している。

　わが国の場合、定年制の見直しについて議論は進んでいない。しかし、少子高齢化が進行する中で定年制も変容を遂げつつある。「仕事をする時代」からの撤退は、かつては55歳、それが60歳、そして65歳へと、さらに、その先を目指す趨勢にある。ちなみに、65歳までの雇用確保を義務付け、70歳までの就業機会の提供を努力義務とされている。

　これらパターン化した「老後」イメージにとらわれない、すなわち、それぞれの生き方、生きる姿によって立ち上げられる「自らの人生の主体的な創造」「新たな生き方の創造」の到来は、スクールリーダーとしてキャリアの積み重ねを通したウェルビーイングの実現という点からも、その生き方やあり方にも影響を及ぼしつつあるとみられる。

　いずれにしても、学校のウェルビーイングは、自らの生き方を探究するスクールリーダーのあり方によるところが少なくない。子ども、教職員、学校のウェルビーイングの実現に、スクールリーダーによる自らのウェルビーイングの探究があることを強調しておきたい。

【注】
1　天笠 茂『学校経営の戦略と手法』ぎょうせい、2006年
2　同上書。5人の校長が語ったことを3つ（仕事に取り組むこと、教職員を育てること、教え子と共に人生を歩むこと）に整理してみた。pp.273-314

【参考文献】
・天笠 茂・白井 優・妹尾昌俊・喜名朝博「子どものウェルビーイング、学校のウェルビーイング」『教育展望』2024年1・2月号
・天笠 茂「学校裁量による自主的・自律的マネジメント－豊かな心とウェルビーイング」（連載「令和の日本型学校教育」が問う学校経営⑩）『教職研修』2024年1月号

| 第9章 |

ウェルビーイング実現と組織体制・組織文化

大阪教育大学特任教授　陸奥田維彦

1　カリキュラム・マネジメントの重要な要素：「組織体制」「組織文化」

　文部科学省（2017）学習指導要領総則では、「校長の方針の下に、校務分掌に基づき教職員が適切に役割を分担しつつ、相互に連携しながら、各学校の特色を生かしたカリキュラム・マネジメントを行うよう努めるものとする」と説明され、カリキュラム・マネジメントは全教職員で組織的に行うことが裏付けられた。学校現場におけるカリキュラム・マネジメントの現状では、単元配列表を作成し、評価・検討・改善するなど、教育課程の見直しに力点が置かれ、それを支える経営活動はあまり注視されていないのではないだろうか。マネジメントサイクルを循環させること自体が形式的、あるいは目的となっている可能性が排除できない。

　田村は本書の**序章図1**で示す「カリキュラムマネジメント・モデル」において、カリキュラム・マネジメントの重要な要因として「ウ．組織構造」「エ．学校文化」を規定し、カリキュラムのマネジメントサイクルとの関連を相互関係と位置付け、学校教育目標の実現に向けた教育活動と経営活動を視覚化している（p.5参照）。つまり、学校教育目標の具現化に向かうためのカリキュラム策定には、どのような組織構造や学校文化が求められるのかを要素として捉えないと、教育活動と経営活動が分断され、マネジメントサイクルは好循環しないのである。本章では、このモデルにおける「ウ．組織構造」の「組織体制」について、「エ．学校文化」の「狭義の組織文化」「個人的価値観」について焦点をあてる。

2　ウェルビーイング実現と組織体制・組織文化

　学校のウェルビーイングを実現するためのカリキュラム・マネジメントを充実させるために、どのような学校組織が求められているのだろうか。その態様を樹木モデルに示した（**図1**）。

　まず、目に見えるハード面の構造が「組織体制」である。木の幹を「階層型」、枝葉の広がりを「ネットワーク型」とし、ともに併存させた「ハイブリッド型組織体制」を表現した。そして、目には見えにくいソフト面の構造は、「個人的価値観」を教職員個々の「働きやすさ」と「働きがい」として土に表し、その土を養分とする根にあたる部分を「狭義の組織文化」とし、「コミュニケーションと信頼による協働性」「職場のワーク・エンゲイジメント」と捉えた。田村のモデル同様、木の幹、枝葉と土、根との間には相互関係を示した。

⑴組織体制（ハイブリッド型：階層型＋ネットワーク型）

　カリキュラム・マネジメントで目指す学校教育目標実現に向け、リソースを効率的に活用して継続的にマネジメントサイクルを循環させるためには、鍋蓋構造や個業型構造では限界がある。階層型組織を保ちながら、教職員個々がクモの巣状に連携するネットワーク型組織が併存するハイブリッド型の組織体制

図1　「ウェルビーイング実現に向けた組織体制と組織文化」樹木モデル（著者作成）

が有効である。例えば情報が階層を登り降りしながら意思決定がされる階層型組織において、ミドルリーダー層による教育目標と実践をつなぐ役割は、カリキュラムのマネジメントサイクルを循環させる上で非常に重要なポジションである。カリキュラムを実践する教職員は、児童生徒のポートフォリオや成果物などカリキュラム評価材料を豊富に蓄積している。その教職員に近い位置にいるミドルリーダー層は、その情報からカリキュラム改善に結び付けるための価値判断をして、管理職への具申が可能となる。一方、カリキュラムの最小単位である校内授業研究において、ネットワーク型組織は、役職に囚われず上下の関係のないフラットな関係性であるため、研究授業後の協議において、双方向・多方向に対話や議論が生まれ、活発な意見交換ができる。校内研究の成果を日々の授業改善へとスピーディーな活用が行うことができるのである。

(2)個人のワーク・エンゲイジメント向上から始まる狭義の組織文化

　ウェルビーイングを実現するカリキュラム・マネジメントの充実において、組織体制の変革とともに、どのような組織文化の醸成が求められるのだろうか。
①コミュニケーションと信頼による協働性
　どのように組織体制を整備しても、個業的に職務に取り組む傾向が強いままでは限界がある。組織を動かし変化に速やかに対応するしなやかさをもった教員相互の協働的な組織文化へとつなぐためには、活性化されたコミュニケーションと信頼の構築が重要である。コミュニケーションとは、単なる情報伝達、あるいは指示命令だけではなく、会議や打ち合わせ等のフォーマルな場の創造的な対話や、日常的なインフォーマルな場面でのさりげない会話が潤滑油となり信頼関係を深め、チームづくりへとつながるのである。例えば単元配列表を拡大して職員室等に掲示し、単元終了時等、気付いたことを書き足していく学校が散見される。その記述を見た教職員が、当該学年チームに声をかけ真意を確認したり、課題解決方策を検討したりするコミュニケーションが自然的に発生する。つまりカリキュラム評価会議を待たずして、カリキュラムの見直しが随時展開されるのである。多様な経験や専門性をもった教職員の多様な声を聴いて相互の価値観を理解し深め合う協働性は、カリキュラム改善等、新たな価値を創造してカリキュラム・マネジメント推進を支えるのである。
②職場のワーク・エンゲイジメント

　「まずはウェルビーイングを高めること」。ウェルビーイングありきで職場を考えるのではなく、ワーク・エンゲイジメントとコミットしていくこと、その結果がウェルビーイング向上につながることが重要であろう。愛媛県では、働き方改革の成果指標の1つとして、「ワーク・エンゲイジメント」をやりがい、誇りの代理指標としている。島津（2022）は、ワーク・エンゲイジメントを「仕事に誇りをもち、仕事にエネルギーを注ぎ、仕事から活力を得ていきいきしている状態」と定義する。厚生労働省（2019）は「ワーク・エンゲイジメント」という概念に着目した「働きがい」をもって働くことの重要性について言及している。例えば学校の責務は、児童生徒の確かな資質・能力の育成である。その本質的業務の中心は「授業」である。授業における個々の専門性とチームによる協働性を高めることを通して授業改善が実現され、組織全体で子どもの資質・能力向上を成し遂げる。つまり職場が個々の自己実現の場となり、個々の働きがいが職場のワーク・エンゲイジメント向上を支えるのである。

(3)個人的価値観
①働きやすさ

　「ブラック職場」と揶揄され、教員志望者が減少する中、「働きやすさ」という基底部である教員の労働環境も、教師のウェルビーイング実現にとって重要な要素である。その対策として勤務時間削減をスローガンとする「働く時間改革」となっていては効果が弱い。**図2**は「働き方改革が進まない負のスパイラル」である。多忙により業務改善について考える余裕がないからと放置したり、場当たり的に少しずつ業務を軽減したりしても、生徒指導や保護者対応が増加するなどして一層多忙を極め、児童生徒のウェルビーイング実現への意識は薄れる。そこで、一時的には無理をしてでも本務である「授業」や生徒に向き合う時間的精神的余裕を創出するための業務改善の会議を行うことが個々の業務調整への糸口となる。全教職員参加型のワークショップ形式による会議で、教職員が納得する働き方改革の目的を共有し、参画意識をもって軽減方策を考えることが賢明な手段となる。チーム学校答申のように、教職員や保護者、地域の役割分担を明確にし、教員でなければならない業務なのか、あるいは担任でなければならない業務なのかを1つの視点として、これまでの当たり前から脱却して意識改革をすることも重要なのである。

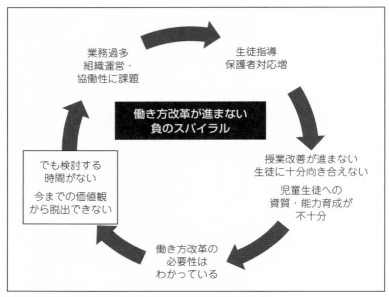

図２　「働き方改革が進まない負のスパイラル」（著者作成）

②働きがい

　教職員のウェルビーイング向上は子どもの笑顔につながる。どのように教職員個々のワーク・エンゲイジメントは高まるのだろうか。自己内対話により、自分のパーパスは何なのか、なぜ、何のために、どのように学校教育目標実現に向かっていきたいのか、仕事に対する価値観を可視化することから始める。この自分の仕事に対する動機が貢献、自身の成長・自己実現に影響を与え、個人のワーク・エンゲイジメント向上へと役立つのである。働きがいは個人によって感じ方が違うことから、ジョブ・クラフティングという考え方が注目を集めるようになった。自らが主体的に働きがいを感じながら働けるように働き方を工夫する手法である。例えば自分の働きがいが授業で子どもに力をつけることだと意味づけし、スケジュール管理等仕事の仕方を工夫し時間的精神的余裕を創出する。自分で決めた働き方が業務への主体性や効率化につながる。その成果の実感がワーク・エンゲイジメント向上に貢献する。やりたくない業務をおろそかにしたり、独りよがりなものとなったりしていては、協働性がある業務である以上、職場のワーク・エンゲイジメント向上には負の影響を与え

る。組織にとってもジョブ・クラフティングがポジティブな影響をもたらすよう、組織における自身の役割を十分に考慮しながら実践する必要がある。

3　教師のウェルビーイングを実現する条件

　筆者は小学校校長として、児童の資質・能力の確実な育成を目的としてカリキュラム・マネジメントを推進し、加配措置により授業を担当しない教員を「校務統括」として管理職と教職員の間に位置付けた組織改革と、業務の見直しを一体的に実施した。結果、学力は向上し、学校のマネジメント機能が強化され、教職員のストレスが軽減し仕事への満足度が高まった（陸奥田：2022）。以下は、その調査結果の一部である。

　組織体制については、個業的な側面が強かった組織が「階層性」を保ちながらも「校務統括」を結束点として双方向、多方向にコミュニケーションを図る「ピラミッド」型＋「ウェブ」型・「ネットワーク」型組織（**図３**）が併存する様相を見せた【2(1)】。

　労働時間に限らず、教員のウェルビーイングについて考える項目を含んでいるTALIS2018調査の項目を活用して質問紙調査を実施した（4件法：2019

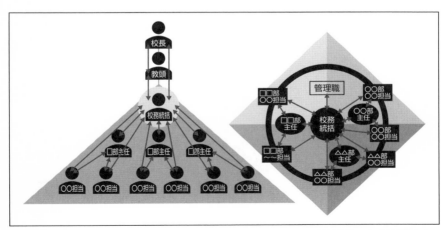

図３　「ピラミッド」型＋「ウェブ」型・「ネットワーク」型学校組織。左側が横から、右側が上からみた組織図
（著者作成、浜田「ウェブ型の学校組織」、コッター（2015）「デュアル・システム」を参考）

n＝21、2020　n＝34、2021　n＝34、2019回答は想起法）。**表1**は「教員
の仕事の満足度」の肯定的な回答の結果である。教職員がつながり互いを信頼
し協働性ある組織【2⑵①】へと変容した結果、取組み以前の2019年と比較
して、「可能なら、別の学校に異動したい」割合が激減し、よい職場だと勧め
る教職員は90％近くに急増した。

　業務改善では、分掌を整理・統合し、業務の偏りの平準化を目指し、約7割
程度の教員数で分掌を担うことができた。職員会議回数を月1回から年7回
へ、定例校務分掌会議は廃止し、副担任制を導入して担任業務を一部移行し
た。その結果、取組み前2019年では半数以上が職務上のストレスを感じてい
たのが、2021年には2割程度と激減し、一方で私生活時間の確保には、半数
を超える肯定的な回答があった。働きやすく教職員のストレスが少ない職場は
ウェルビーイングな職場と言えるのではないだろうか【2⑶①】。

　表2は「教員の仕事の満足度」の調査結果である。TALIS2018参加国平均、

表1　「教員の仕事の満足度」

	可能なら、別の学校に異動したい	この学校を良い職場だと人に勧めることができる
TALIS2018参加　48か国平均	21.3%	83.3%
TALIS2018日本（小学校）平均	28.5%	68.3%
事例校平均2019	42.9%	52.4%
事例校平均2020	8.8%	73.5%
事例校平均2021	5.9%	88.2%

表2　「教員の仕事の満足度」

	教員であることは、悪いことより、良いことの方が明らかに多い	現在の学校での仕事を楽しんでいる
TALIS2018参加　48か国平均	75.1%	88.8%
TALIS2018日本（小学校）平均	79.6%	80.3%
事例校平均2019	66.7%	71.4%
事例校平均2020	88.2%	97.1%
事例校平均2021	88.2%	88.2%

日本（小学校）平均と比べ、2019年では、どの項目も低かったことに比べ、2020年、2021年と進むにつれ、満足度が非常に高まっている。授業改善の結果が学力向上につながるなど、自身の役割における自己実現を獲得し、個々の教職員が働きがいを感じウェルビーイングが向上した結果と考える。教職が創造的で魅力的な仕事であることが再認識され、誇りをもって業務を遂行する教職員の姿がみられた【2⑶②】。

　カリキュラム・マネジメントにおいて、児童生徒の確かな資質・能力の向上、そしてウェルビーイング実現に向かう学校づくりを支える条件整備面を重視しなければならない。「階層型」と「ネットワーク型」が併存したハイブリッド型の学校組織体制を整備し、マネジメント機能を強化するとともに、働きやすさを整え、教職員個々のワーク・エンゲイジメントを組織のワーク・エンゲイジメント向上へとつなぎながら、活性化したコミュニケーションと信頼による協働的な組織文化を醸成する。この条件整備により、カリキュラムのマネジメントサイクルを効果的に循環させる学校組織の強靭化が実現されるのである。学校の状況が異なる限りカリキュラム・マネジメントにこれだという正解はないように、各学校の状況に応じたウェルビーイング像を組織として明確にして共有することなしに、学校のウェルビーイング実現はありえないであろう。

【引用文献】
・厚生労働省「令和元年版労働経済の分析──人手不足の下での「働き方」をめぐる課題について」2019年
・島津明人著『新版ワーク・エンゲイジメント』労働調査会、2022年
・ジョン・P・コッター著、村井章子訳『実行する組織』（「デュアル・システム」）ダイヤモンド社、2015年
・中央教育審議会「チームとしての学校の在り方と今後の改善方策について（答申）」2015年
・陸奥田維彦「働き方改革における教員の業務と意識の変容をもたらす小学校の新たな組織のあり方──加配措置による授業を担当しない教員の活用」大阪教育大学紀要　総合教育科学71、2022年
・文部科学省「学習指導要領」2017年
・浜田博文編著『学校を変える新しい力』（「ウェブ」型組織としての学校）小学館、2012年

| 第10章 |

地域・家庭との協働関係の構築

山形大学教授　野口　徹

1　「社会に開かれた教育課程」の主体としての
　　学校・家庭・地域

　現行学習指導要領では「社会に開かれた教育課程」を基盤となる概念として標榜している。この「社会に開かれた教育課程」については、学習指導要領改訂に先立って示された中央教育審議会の答申において次の視点を用いて説明している。

⑴社会や世界の状況を幅広く視野に入れ、よりよい学校教育を通じてよりよい社会を創るという目標を持ち、教育課程を介してその目標を社会と共有していくこと。

⑵これからの社会を創り出していく子供たちが、社会や世界に向き合い関わり合い、自らの人生を切り拓いていくために求められる資質・能力とは何かを、教育課程において明確化し育んでいくこと。

⑶教育課程の実施に当たって、地域の人的・物的資源を活用したり、放課後や土曜日等を活用した社会教育との連携を図ったりし、学校教育を学校内に閉じずに、その目指すところを社会と共有・連携しながら実現させること。

　現行学習指導要領はこの中央教育審議会答申が示す「社会に開かれた教育課程」のあり方を家庭や地域と共有しながらその実現を目指すこととしている。それでは、これらはどのようなことを謳いあげているものなのであろうか。
　まず、これらの視点を総じてみるならば、「よりよい社会の創造」「これからの社会に通じる資質・能力の育成」「社会のリソースを活かした教育」となるであろうか。いずれも、学校の教育課程に対して旧来型の学校内に留まるものではなく、社会との相互還流を活かしたものとして展開することを求めたもの

である。では、ここで繰り返し用いられている「社会」とはどのような概念として捉えるべきであるのか。

これからの社会は多様性の実現を志向している、と提唱される。一義的な価値を追い求める時代は終結し、より複雑で多義的な価値を協働的に構築する時代となっている、とする考えである。つまり、学習指導要領の示す「社会」とは、こういったダイナミズムを十分に反映したものなのであり、また「よりよい社会の創造」については、現代社会を構成する全てのメンバーにとってのWell-beingを創り出すことと捉えるべきである。そして、「社会に開かれた教育課程」の実現こそが教育の責務である、と言えよう。

しかしながら現在の社会を取り巻く諸様相を鑑みたときに、この「よりよい社会」を規定することは決して簡単ではないことが見て取れる。複雑に入れ込んだ問題が日常的に押し寄せており、解決する確たる答えを見出すことは困難である。例えば、ここ数年来世界を襲った感染症の拡大は、これまで人類が築き上げてきた社会のあり方を一変させてしまうほどの威力を発揮した。このことは、地域社会はもとより、学校の様々な取組みに対しても根本から変化を求められることとなったのは記憶に新しい。しかしながら、そうしたことが学校と家庭・地域との間において、これからの社会の方向性を検討する機会を与えることとなったのもまた事実である。つまり、「よりよい社会」を構築する主体としての学校・家庭・地域の関係に焦点が当たることとなったのである。

本章では、これからの「よりよい社会」を担う主体としての学校・地域・家庭の協働関係について、東北地方のいくつかの学校の実践。また、学校に対して行った質問紙調査の結果を紹介しながら検討することとする。

2　地域との協働を必然とする総合的な学習の時間の学び

(1)小学校の事例から

ある小学校の6年生の総合的な学習の時間の授業では、その町に対する評価を学習対象として検討していた。その町が県内の人々から「住みやすい町ランキング」の1位として評価されており、そのことの意義についてである。実際にこの町は、近年中心部が整備され、新しい大規模店舗が進出したこともあって、人口も増えてきているところである。児童はこういったことに加えて、日

ごろ接する各種の情報から、「この町には新幹線の停まる駅や空港があるなど
交通の便が良い」「18歳までの医療費が無料であること」「住民一人当たりの
公園面積が広いこと」などもその理由となるのではないか、と捉えている。担
任教諭は、このことを児童がより精緻に考察するために、様々な項目別に同県
内の各市町村に関わるデータを一望できる資料を配布した。数値的に見ても自
分たちの生活する町の各種の指標が本当に県内上位として位置しているのかを
確認するためである。児童は、これを見ると「いろいろな項目で上位にある！」
「やっぱりわたしたちの町の住みやすさは1位だ」と指摘を始めていた。

　その中で、ある児童がこの資料の中の1項目について異議を申し立てた。そ
れは、「高齢者1000人のうち、高齢者施設を利用できる人数の割合」という項
目の数値についての解釈であった。その町の同項目の割合は4.0％であり、同
県内において最上位であることを示している。しかし、その児童は、この4％
の解釈として、「仮にこの町に1000人の高齢者がいた場合、高齢者施設を利用
できるのは40人という割合になる。つまり、960人は利用できないことにな
る。この割合から見ても、この町は高齢者にとって本当に「住みやすい」と言
えるのだろうかと指摘するのである。この言葉によって学級の雰囲気が一変し
た。これに続いて、別の児童は、「新幹線の駅や空港があったとしても、わた
したち小学生が自分だけで旅行に出かけられるわけではない。それを評価する
のは大人に限定されるのではないか。公園の面積が広いことは逆に私たち小学
生は好意的に感じるけれど他の年代の人も同じかわからない。つまり、年代に
よって評価する内容は違ってくるのではないだろうか」と述べたのである。こ
れらの発言によって、学習の流れは大きく変化していく。児童の意識として、
「町の住みやすさ」を考察するためには数値的な資料を見て判断することに加
えて、そこに住んでいる様々な人々の視点を含めることが欠かせないことを自
覚するに至ったからである。この後、この6年生は「この町が本当に『住みや
すい』と言えるためには、地域の様々な年代の人の実際の声を自分たちで集
め、それらを分析してみないといけない」と考えることとなり、それを新たな
学習課題として設定することとなった。そして、地域に出かけていき、広範に
わたって人々にたずね、生の声を採集していくことを粘り強く行い、集めた情
報をじっくりと分析して考察することを行っていったのである。

⑵中学校の事例から

　ある中学校の１年生の総合的な学習の時間では、コロナ禍によって地域内で起きている様相を検討材料として活動している。この中学校がある地域は少子高齢化が進んでおり、この中学校のすべての学年が単学級である。以前から地域との交流を行ってきたこの中学校ではあったが、感染症の蔓延していた時期は交流が減少し、特に、高齢者との交流機会はほぼ無くなっていた。この地域では三世代同居が多いことから、生徒の自宅には高齢の家族が暮らしている。生徒からは、家庭に引きこもっている高齢者の状況が報告されているところであった。

　そこで、この生徒たちが考えたのが、生徒と高齢者が交流する会を運営することであった。題して「世代を超えた一石二鳥交流」である。当然、感染症に対しては最大の配慮を行った上でこの交流を企画したのである。２か月に一度のペースで、運動をベースとして発案された交流会の内容としては、障害者スポーツとして知られる「ボッチャ」や、体育館内での「室内遊び」などが示されたのに加えて、地域内にあるトレッキングコースでの活動も並んでいた。この企画を中心となって考えたグループが、計画した内容を同学年の生徒に発表し、その是非を検討する授業が行われた。

　すると、生徒数人から「ボッチャや室内遊びはよいと思うけれど、トレッキングは運動量も多く、高齢者の方には負担が大きいのではないだろうか」との意見が出された。それを受けて、提案グループの一員から「その指摘はもっともなので、トレッキングを止めてもっと軽い運動に切り替えてみようと思う」との声が上がった。しかし、同じグループの別のメンバーからは「このトレッキングコースは、高齢者の中にも歩いている人がいる場所だ」との指摘も出てきた。学級は騒然とした雰囲気となる。そうしたときに、ある生徒から「これについてはわたしたちだけで話し合っていても仕方ない。地域の高齢者の人たちに提案して意見を聞いてみるべきではないだろうか」との意見が出された。まさに鶴の一声である。ここから交流会の企画に地域の高齢者の声を反映することの必要性がクローズアップされることとなり、生徒は地域の高齢者に声をかけて、この企画を協働的に再構成し、様々な配慮を加えていったことによって無事に交流活動を実施するに至ったのである。

⑶地域との協働の必然性を求めること

　これらの2つの実践における児童生徒の姿は検討すべき価値を教示している。それは、学校の授業で地域の文化や人々を教材として扱う際に、それを「真正」な視点から見ることの意義であろう。ともすれば学校がこれらを扱うときは、資料集のように既に加工され、整った資料として整備されたものが児童生徒に提供され、それのみによって考察することに留まっていたのではないだろうか。それは、地域を単なる情報源と捉え、児童生徒がそれを受動的に学ぶ内容であった場合は有効な方法であった。しかし、現在求められている「よりよい社会」を創造する主体となるのは、既成事実として確定した「地域」ではなく、児童生徒を含めた地域の人々なのであり、地域の人々の意思がそれを行うのである。地域社会の構成者の一員として児童生徒がこれを学ぶときには、地域で生活する人々の生の声を聴きだすのは必然なのであり、地域の人々との協働無くして成立しえないのである。児童生徒にとって、このような学びを経験することで、地域は学校と「地続き」であること。「よりよい社会」を創り出す主体は、地域で生活する人であること。こういったことを実感することになるのである。

　これからの学校には、児童生徒を地域で生活する主体としての資質・能力を育成することを重視した教育課程を編成することが肝要なのであり、このような取組を組織的に行うことで「社会に開かれた教育課程」としての立ち位置に着くことになるのである。

3　家庭との協働を高めるICT環境の充実

　コロナ禍が学校教育にもたらした様々な影響の中で、いみじくも学校において遅滞していたICT活用による学習環境整備を加速させることに機能したのは不幸中の幸いであったかもしれない。

　新型コロナウイルスの感染対策として日本中の学校が臨時休校せざるを得なくなり、家庭に留まり続ける児童生徒の学習を補償するために、各学校が急遽相当数の教材を制作・配付するなどの苦心を図ったことは記憶に新しい。こういった苦境に対応すべく、文部科学省では、数年後に導入を予定していた、児童生徒の1人1台端末や家庭の通信環境の充実を図る等、ICTの活用による学

習環境の整備、いわゆる「GIGAスクール構想」を、当初の計画よりも早期に実現したのである。このことが学校における教育環境の変化をもたらしたことは当然として、家庭との協働体制においてもいくつもの改革を導き出すこととなった。東北地区の学校への質問紙調査によって次に示すような特徴的な取組みが見えてきている。

　例えば、「家庭学習」のスタイルの大きな変化が現れている。以前であれば、担任教師から児童生徒に一方的に課していた「宿題」というのが定番であった。基本的にはノートもしくはプリントによって行われるものである。そこにタブレット等の端末を児童生徒が家に持ち帰る体制が導入されたことを活用し、担任からの宿題という方法を廃止する学校が見られるようになっている。その代替として、端末によって児童生徒がアクセスできる各種の学習教材や資料等を自らの学習進度や状況に照らして選択し、それに取り組むことや、授業の内容と連携した学習支援ソフトを活用して既習事項の復習を行うこととしているのである。このスタイルが導入されたことによって、担任から与えられた課題を学習するのではなく、児童生徒は自らの学習達成度を理解しつつ、自分に合う内容やそれに伴う学習の量を選び、生活時間に合わせて取り組む、という主体的な家庭学習が可能となったのである。また、担任にとってもネットワークを通じて個別の児童生徒の学習状況のデータを一覧できることから、それらの詳細な把握が容易となっている。

　また、不登校傾向によって長期欠席をしている児童生徒に対しても、ICT環境の整備が大きな支援となってきている。例えば、授業の様子をタブレットに映してそれをLive配信し、オンラインによる双方向での授業参加を促す方法がある。これによって、長期欠席の児童生徒が学級の進捗状況を理解しながら学習することができるとともに、級友たちとも交流することが容易となる。保護者にとっても児童生徒の長期欠席の状況によって様々な懸念を抱えている中、このような授業参加の機会を得ることはその後の生活の支えとなっている。

　学校と家庭とが連携を図るときに、かねてよりその役目を果たしてきたのが「連絡帳」であった。これに加わる形で、教育機関向けアプリケーションに組み込まれた学習管理アプリの機能を活用することも増えている。これによって、担任から家庭に対して様々な連絡事項をダイレクトに伝えることを一斉にできるとともに、各家庭との個別のやり取りもオンデマンドで行うことを可能

とする。相互に既読状況を把握できることから連絡の行き違いも抑えられ、スムーズで正確な情報交換を担保できる。

　保護者と担任との個人面談も大きく変化してきている。保護者の一番知りたいこととして児童生徒の普段の学校の様子がある。友人関係や様々な教科の学習の状況など、授業参観時では知り得ない内容についての情報を求めている。これまでの取組みとして、日頃記録しておいた児童生徒のエピソードを語ったり、ノートやプリント、作品等を提示したりすることで対応するのが主流であった。そこに、一人一人のこういった学習状況について端末を通じてデータとして集積できる状況となっている。これによって一人一人がどの内容を理解し、また、躓いているのか、ということを担任は把握しやすくなっているとともに、これらの情報を個別に瞬時に呼び出して保護者に示すことも可能である。担任と保護者との間に児童生徒の学習状況を具体的に共有することを促しているのである。さらに、担任は児童生徒の授業中や生活の様子を写真や動画として撮影していたり、児童生徒も相互にこれらを撮り合っていたりする。こういったデータを整理して提示することで、保護者への適切な情報提供を行うこととなり、安心感を築くことにつながっている。

　学校のICT環境が整備されたことによって、家庭が児童生徒への教材となる情報提供の役割を担う事例も見られる

　ある小学校の2年生が生活科の「まちたんけん」の活動を計画していた。この活動は、児童が街に出かけていき、気になる「ひと・もの・こと」と交流して学習を行うのが一般的である。しかし、これが新型コロナウイルスが大きな脅威を示していた時期であったことから、児童が街の人々と交流することは慎むべき、という判断となり、頓挫する寸前となっていた。

　これに対して、家庭から学習に協力する連絡が入ってきた。授業時間に合わせて仕事の調整が効く保護者が、スマートフォンを介して街中の様子を配信することに立候補したのである。そこで、2年生の児童で話し合い、地域の中で気になる場所やお店を事前に保護者に伝えた。当日の授業の際には、教室の大型テレビと保護者のスマートフォンとがつながり、児童の歓声が上がった。保護者は児童と直接やり取りをしながら児童の要請があった地域の様子を映してくれる。当該地区にあるお店の人もそこから児童に語りかけてくれる。また、その保護者自身もその場所で気が付いたいくつかの情報を児童に紹介する場面

もあった。この活動は、その後、他の保護者も協力してくれることとなり、一気に広がりを見せていくこととなった。

　このように、ICT環境の整備によって家庭が学校の授業への協働的な役割を果たすことは十分に可能である。学校・地域・家庭が主体となって「よりよい社会」を創り出すことは大いに期待できるのである。

| 第11章 |

子どもと教師のウェルビーイングの実現を支える教育委員会の役割

明星大学教授　吉冨芳正

1　ウェルビーイングを考える基本とカリキュラム・マネジメント

　学校における子どもや教師のウェルビーイングについて考える基本として、まず日本国憲法における私たち国民の権利の保障について確認しておく必要がある。日本国憲法では、侵すことのできない永久の権利としての基本的人権や国民の教育を受ける権利をはじめ、個人の尊重、生命、自由および幸福追求の権利、法の下での平等、思想や良心の自由、学問の自由、健康で文化的な生活を営む権利など、大切な国民の権利が保障されている。

　学校教育においては、こうした国民の権利の保障をしっかり意識して教育活動や経営活動を営む必要がある。つまり、学校は、国民の基本的な人権や教育を受ける権利などを保障する重要な機関の一つであると言える。

　学校教育が目指すものに関しては、教育基本法と学校教育法において、我が国の教育全体の目的や目標、義務教育や各学校段階の目的や教育の目標等が示されている。そして、教育基本法で「学校においては、教育の目標が達成されるよう、教育を受ける者の心身の発達に応じて、体系的な教育が組織的に行われなければならない」（第6条第2項）と定められている。このことは、学校教育は教育の目標の達成を目指して意図的、体系的、組織的に行うというその役割や性質を示している。

　カリキュラム・マネジメントは、学校教育の目的、目標を踏まえ、各学校が定める教育目標を実現するため、教育活動と経営活動とを関連付け、学校内外の資源を最大限に活用しながら、計画・実施・評価・改善の過程を循環させて教育の質を高めていこうとする考え方や営みをいう。つまり、各学校が効果的

に機能し、意図的、体系的、組織的に教育を行うことを保障するものがカリキュラム・マネジメントである。

　子どもと教師のウェルビーイングは、こうした我が国の教育の大きな構造の中で、カリキュラム・マネジメントの考え方を生かして充実を図っていく必要がある。

2　ウェルビーイングの向上を目指す教育振興基本計画

　ウェルビーイングに関する国の重要な計画として、第4期（令和5〜9年度）の教育振興基本計画（令和5年6月16日閣議決定）がある。同計画では、今後の教育政策に関する総括的な基本方針（コンセプト）として「持続可能な社会の創り手の育成」と「日本社会に根差したウェルビーイングの向上」を掲げた。そして、「両者は今後我が国が目指すべき社会及び個人の在り様として重要な概念であり、これらの相互循環的な実現に向けた取組みが進められるよう教育政策を講じていく必要がある」としている。

　同計画では、ウェルビーイングについて「身体的・精神的・社会的に良い状態にある」ことであり、「生きがいや人生の意義など将来にわたる持続的な幸福」や「個人を取り巻く場や地域、社会が持続的に良い状態であること」を含む包括的な概念であるとしている。その要素として、「幸福感（現在と将来、自分と周りの他者）」「学校や地域でのつながり」「協働性」「利他性」「多様性への理解」「サポートを受けられる環境」「社会貢献意識」「自己肯定感」「自己実現（達成感、キャリア意識など）」「心身の健康」「安全・安心な環境」などが挙げられている。

　同計画では、この総括的な基本方針の下に、「①グローバル化する社会の持続的な発展に向けて学び続ける人材の育成」「②誰一人取り残されず、全ての人の可能性を引き出す共生社会の実現に向けた教育の推進」「③地域や家庭で共に学び支え合う社会の実現に向けた教育の推進」「④教育デジタルトランスフォーメーション（DX）の推進」「⑤計画の実効性確保のための基盤整備・対話」という5つの基本的な方針が定められ、さらに5年間における16項目の教育政策の目標とそれぞれに関する基本施策および指標が示されている（https://www.mext.go.jp/a_menu/keikaku/index.htm）。

3　地方公共団体のウェルビーイングに関する 計画の策定と施策の具体化

⑴地方公共団体における計画の策定

　地方公共団体では、教育振興基本計画を参酌しつつ、地域の実情に応じ、「教育の振興のための施策に関する基本的な計画」を定めるよう努めるとともに、「教育、学術及び文化の振興に関する総合的な施策の大綱」を定めることとされている（前者は教育基本法第17条第２項、後者は地方教育行政の組織及び運営に関する法律第１条の３で規定）。「参酌」とは、十分参照し、それによることの妥当性を検討した上で判断することをいう。その結果として、地域の実情に応じて異なる内容を定めることが許容される。

　子どもや教師のウェルビーイングに関する実情や課題は、国全体で共通するものもあれば、それぞれの地域や学校などで異なるものもある。地方公共団体の計画等は、国が示したものの「丸呑み」でなく、それぞれの実情や課題を踏まえて必要かつ重要なものを吟味して作成されることが大切である。その際、関係者の意見を十分聞いて反映させることが求められる。

⑵教育委員会における目指す姿の明確化と施策の具体化

　地方公共団体で教育政策を担う教育委員会においては、まず子どもや教師のウェルビーイングの概念や要素についてしっかり検討する必要がある。

　各教育委員会では、教育振興基本計画を手がかりとしつつウェルビーイングの要素について子どもや学校、地域の実態を踏まえて吟味し、それぞれの地域の教育の方針や目標、計画などにおいて「育成を目指す子どもの姿」や「教師像」「学校像」などに織り込んでいくことが考えらえる。

　そして、それらの実現に結び付くよう教育委員会としての施策を整えていく必要がある。教育振興計画では、ウェルビーイングの向上に関する国の施策が様々な分野にわたって数多く示されている。各教育委員会では、これらを参照し活用することを想定しつつ、地域の実情や課題を踏まえ、必要性や重要度を検討して施策の全体像をまとめることが求められる。

　なお、ウェルビーイングとカリキュラム・マネジメントの関係については、各学校におけるカリキュラム・マネジメントの一環として取り組むことが子ど

もや教師のウェルビーイングにつながるものと、子どものウェルビーイングに関する国や教育委員会の制度や施策を改善することが各学校におけるカリキュラム・マネジメントの基盤として働くものがある。

　教育委員会の取組みの参考とするため、教育振興基本計画に挙げられた施策について、次の視点を組み合わせて整理を試みる。

（誰のウェルビーイングか）

　①子どものウェルビーイング　　②教師のウェルビーイング

（取組みの主な主体はどこか）

　③学校が主体となる施策　　　　④教育委員会が主体となる施策

ア〈①子どものウェルビーイング〉と〈③学校が主体となる施策〉

　これらに該当する施策はかなり多い。確かな学力や豊かな心、主体的に社会の形成に参画する態度の育成に関して、「新しい時代に求められる資質・能力を育む学習指導要領の実施」「道徳教育」「人権教育」「伝統や文化等に関する教育」「主権者教育」「持続可能な開発のための教育（ESD）」「消費者教育」「環境教育」などの推進を挙げることができる。これらは既に学習指導要領に織り込まれて、学校現場で取り組まれている。また、「発達支持的生徒指導の推進」「子どもの意見表明」「いじめ等への対応」なども、生徒指導で重視され推進されている。

イ〈①子どものウェルビーイング〉と〈④教育委員会が主体となる施策〉

　これらに該当する施策として、「個別最適な学びと協働的な学びの一体的充実」や「1人1台端末の活用」に関わる条件整備、多様な教育ニーズへの対応や社会的包摂に関わる「特別支援教育」や「不登校児童生徒への支援」の推進、「子供の貧困対策」「高校中退者等に対する支援」「日本で学ぶ外国人等への教育の推進」「教育相談体制の整備」、質の高い環境の整備に関わる「教材等の充実」、子どもたちの安全確保に関わる「学校施設の整備」などを挙げることができる。

ウ〈②教師のウェルビーイング〉と〈③学校が主体となる施策〉

　これらに該当する施策は、アで挙げたものと重なるものがある。教師が教育課程や生徒指導の一環として創意工夫を発揮して取り組むことが子どもたちの成長とともに、教師のやりがいにもつながる。ただし、その強調がいわゆる

「やりがい搾取」といわれる状況にならないよう注意が必要である。また、「学校における働き方改革」や「指導・運営体制の充実」に関して各学校における教師の業務の適正化や校務のデジタル化、支援スタッフの活用、「学校安全の推進」に関して環境整備、安全管理などを挙げることができる。

エ 〈②教師のウェルビーイング〉と〈④教育委員会が主体となる施策〉

　これらに該当する施策として、「学校における働き方改革、処遇改善、指導・運営体制の充実」などに関して長時間勤務の抑制、教務や校務のデジタル化のツールの開発や活用支援、多様な支援スタッフの確保や配置、「教師の研修」の工夫、「運動部改革の推進」に関して運動部活動の地域連携や移行、「学校施設の整備」「教材等の充実」などを挙げることができる。

　いずれの分類でも、国や教育委員会における必要な制度改正、人的・物的・財政的条件の整備充実、組織・運営の改善などが重要である。

　各教育委員会が地域の実情に応じて計画、施策や指標を策定するに当たっては、百合田（2022）が、ウェルビーイングについて「複数の指標で複合的に個人と社会の状態を表すダッシュボード（筆者注：複数の情報をまとめてわかりやすく表示するツールのこと）として提案されてきた」のであり、「何を指標として重視・測定するかの選択の手続と民主的な合意が重要である」と指摘していることに留意する必要がある。

4　教師を取り巻く環境整備について緊急的に取り組むべき施策

　2023年5月22日、中央教育審議会に「『令和の日本型学校教育』を担う質の高い教師の確保のための環境整備に関する総合的な方策について」諮問された。検討事項は、①更なる学校における働き方改革、②教師の処遇改善、③学校の指導・運営体制の充実のあり方についてである。

　この検討を行っている初等中等教育分科会・質の高い教師の確保特別部会では、2023年8月28日、「教師を取り巻く環境整備について緊急的に取り組むべき施策（提言）〜教師の専門性の向上と持続可能な教育環境の構築を目指して〜」をとりまとめた。その提言内容は次のとおりである。

【緊急提言】

　教師を取り巻く環境整備について、直ちに取り組むべき事項として、国、都道府県、市町村、各学校など、それぞれの主体がその権限と責任に基づき、主体的に以下の各事項に取り組む必要がある。

１．学校・教師が担う業務の適正化の一層の推進

２．学校における働き方改革の実効性の向上等

３．持続可能な勤務環境整備等の支援の充実

(https://www.mext.go.jp/b_menu/shingi/chukyo/chukyo3/099/mext_01551.html)

　文部科学省では、同提言を踏まえ、令和５年９月８日付けで取組みの徹底を求める通知を発出した（５文科初第1090号）。そこでは、改革の方向性として、「教師のこれまでの働き方を見直し、長時間勤務の是正を図ることで教師の健康を守ることはもとより、教師のウェルビーイングを確保しつつ、高度専門職である教師が新しい知識・技能等を学び続け、子供たちに対してより良い教育を行うことができるようにする」ことが示されている。そのため、各教育委員会や各学校等で改めて取組みの徹底が必要な方策等が整理され、学校や地域、教職員や児童生徒等の実情を踏まえつつ対応することが求められている。

　取組みの徹底が必要な方策の柱立ては次のとおりである。

１．学校・教師が担う業務の適正化の一層の推進について

　(1)「学校・教師が担う業務に係る３分類」を徹底するための取組

　(2)各学校における授業時数や学校行事の在り方の見直し

　(3)ICT活用による校務効率化の推進

２．学校における働き方改革の実効性の向上等

　(1)地域、保護者、首長部局等との連携協働

　(2)健康及び福祉の確保の徹底

　(3)学校における取組状況の「見える化」に向けた基盤づくり

３．持続可能な勤務環境整備等の支援の充実

　(1)教職員定数の改善

　(2)支援スタッフの配置充実

　(3)処遇改善

　(4)教師のなり手の確保

　１(1)では、国、都道府県、市町村、各学校などの主体が権限と責任に応じて

役割を果たすことができるよう、3つの分類（基本的には学校以外が担うべき業務／学校の業務だが必ずしも教師が担う必要のない業務／教師の業務だが負担軽減が可能な業務）に基づく取組みの実効性を確保するための「対応策の例」が詳しく示されている。特に、服務を監督する教育委員会は、学校・家庭・地域に近い立場として、業務の優先順位を踏まえて思い切った廃止を打ち出すなど、真に必要な取組みに精選することが教育の質の向上の観点から重要であるという認識を学校・家庭・地域とも共有し、業務の適正化のために必要な予算措置等も含め主体的な役割を果たすことが必要とされている。

　また、1⑵では、全ての学校で授業時数について点検し、特に標準授業時数を大幅に上回っている学校は、見直すことを前提に点検を行い、指導体制に見合った計画とすることや、学校行事について、精選・重点化、準備の簡素化・省力化等を進めることなどが求められている。

（https://www.mext.go.jp/b_menu/shingi/chukyo/chukyo3/099/mext_01561.html）

　各教育委員会や学校は、これらの要請に対し、十分な検討と取組みを速やかに行う必要がある。その際、授業時数の見直しや行事の精選など、子どもと教師の利益が相反する可能性があることについては、学校教育の役割や質の向上を考慮し、調和点を見出す努力や工夫が大切である。

5　カリキュラム・マネジメントの実践研究の成果の活用

　文部科学省では、2019年度から2023年度にかけて「これからの時代に求められる資質・能力を育むためのカリキュラム・マネジメントの在り方に関する調査研究」が進められた。その委託を受けた教育委員会や大学、実践校の取組みのポイントがそれぞれで作成した「手引き」や報告書にまとめられ提供されている。そこにもウェルビーイングの充実につながる情報が多く含まれている。例えば、子どもの学びを中心にマネジメントし資質・能力を育む、子どもたちが自ら学びをマネジメントできるように育てる、ほめるポイントを明確にして対話的・肯定的に関わる、学校の組織構造や文化の見直しを進める、学校と地域の連携を進めるといった取組みがある。

（https://www.mext.go.jp/a_menu/shotou/new-cs/new/1389014.htm）

　各教育委員会で、こうした実践事例を手がかりにウェルビーイングを意識したカリキュラム・マネジメントの推進施策を講じることが求められる。

6　子どもや教師のウェルビーイングと　カリキュラム・マネジメント

　上述のように、子どもや教師のウェルビーイングについて、教育に関する法の精神や目的・目標、教育課程の基準である学習指導要領や生徒指導の基本を定める生徒指導提要などに内在している要素も多い。それらの着実な推進が求められる。一方、現行の制度や運用では課題に対応しきれず、国や各教育委員会、各学校で思い切った改善や新たな措置が早急に必要なものもある。

　子どもや教師のウェルビーイングを実現する現場は学校である。そこで、教育目標の実現のために学校の諸活動全体を関連付け、システムとしてよりよく機能させようとするカリキュラム・マネジメントに、ウェルビーイングの視点を取り入れていくことの重要性を改めて認識することが重要になる。カリキュラム・マネジメントは、自校の教育の方向性や手立てについて「最適解」「納得解」を考え追究する営みである。それは、子どもや教師の「良い状態」が意識され保障されるものでなければならない。

　各教育委員会では、こうしたウェルビーイングとカリキュラム・マネジメントの考え方、制度や施策の全体の構造や国における改善の動向、地域や学校の実情などを踏まえて施策を立案・推進していくことが期待される。

　なお、教育委員会によるカリキュラム・マネジメント支援のポイントについては、拙稿「地方教育行政による学校のカリキュラム・マネジメント実現のための支援とその活用」（村川雅弘ほか編著『教育委員会・学校管理職のためのカリキュラム・マネジメント実現への戦略と実践』ぎょうせい、2020年）で解説しているので参照していただきたい。

【引用文献】

・百合田真樹人「ウェルビーイングの生成と課題」独立行政法人教職員支援機構監修、本図愛実編著『日本の教師のウェルビーイングと制度的保障』ジダイ社、2022年、p.15

第2部

事例編
Case Study

● 事例1 ●

「つながる　ねばる　自己決定」
組織の共有ビジョンその創造と浸透への4年間の歩み

ウェルビーイングな学校を目指す校長のリーダーシップ

堺市立八田荘西小学校

1　共有ビジョン・学校教育重点目標の協働的創造

　学校教育目標の協働的創造とその浸透を軸としたカリキュラム・マネジメントは、学校経営の最重要事項の1つであると考え、筆者（校長）が中心となり、2020年度末（当時教頭2年目）からスタートさせた。田村のカリキュラムマネジメント・モデル（**序章図1**、以下、田村モデル、p.5）を基盤とし、学校教育目標（以下、学校教育重点目標）の創造と浸透については、センゲ（2011）を参考にした。小学校教職員は個業時間が長く、各々が大切にしたいこと（以下、自己マスタリー）は、様々な様相を見せがちである。各々を卵に例えると、方向、体勢がバラバラな状態である。圧力がかかれば、割れてしまいかねない。しかし、システム（卵パックに入った状態）であれば、強靭化する。教員一人一人の自己マスタリーを言語化し、それらを紡ぎ合わせて「共有ビジョン（育てたい子ども像　学校教育重点目標）」を創造すること、その上で、そこに向けて、校内の資源等の要素をつなぎ、有機的な因果関係で相互を結んでいくシステム化は、学校組織の強さを生み、子どもたちの現在の、そして、将来の幸せにつながっていくと考えた。

　年間行事予定に計画されている校内研修、学年会等の各種会議の実施にあたり、管理職とミドルリーダーらで事前検討の場を持ち、会議の目的とゴールイメージを明確にして、教職員全員が忌憚なく自己マスタリーが表出されるような対話場面の創出に努めている。初年度は、特に、勤務校の共有ビジョン（育てたい子ども像　学校教育重点目標）を明らかにすることを対話の軸とした。また、評価面談の場も活用した。

※タイトル中の白ヌキの文言は編集によるもの。以下同

⑴通知表の改訂プロジェクト（自己マスタリーの言語化）

　新学習指導要領（2017年）の理念から、教職員それぞれの自己マスタリー（指導観や評価観等の教育観に関するもの）への影響を期待して、管理職から対話の場を提案した。短時間で複数回実施した。教職員の間で、教科等横断的、学年横断的、観点別など、様々な視点で学校教育活動を俯瞰する姿や、自己マスタリーを見つめ直して言語化する姿が見られた。

⑵共有ビジョンの創造プロジェクト

　「小学校卒業時点で、変化の大きい現代社会において、どのような力を付ければ、子どもたちは自分自身の幸せを創り出せるのか」という問いを、管理職から教職員に投げかけた。フォーマルの場、インフォーマルの場を問わず、対話の中で表出された教職員の思いをKJ法等で整理を重ね、2020年度末には、筆者が中心となって下の図（図１）のように最終整理した。**「つながる　ねばる　自己決定する力」**という３つのキーワード（筆者はこれが本校の共有ビジョンと捉えている）に集約し、教職員一同から、勤務校の育てたい子ども像

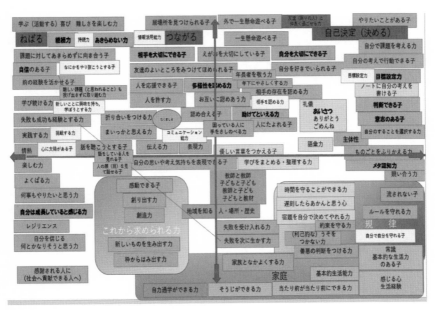

図１　子どもにつけたい力の整理

を端的に表現した言葉であると承認を得た。

　学校教育活動全体を包括する共有ビジョンが浮かび上がったことで、筆者は、2021年度以降、校長として、この3つのキーワードを落とし込んだ「つながる　ねばる　自己決定する力の育成」を勤務校の学校教育重点目標として掲げている。

2　学校教育重点目標の浸透

⑴校内研究〜総合的な学習の時間・生活科〜

　筆者は、2021年度からの校内研究対象として「総合的な学習の時間」「生活科」を指定した。教員がカリキュラム策定に大きな裁量をもつ領域こそ、学校重点教育目標と子どもを有機的に結び付ける学びの場を構成しやすいと考えたためである。筆者は、「学校教育重点目標の実現のために、教材開発や学習方略について、他の教職員への提案事項を持つこと」「評価計画を明らかにすること」の2点を教員に求めた。「子どもにどのような力を付けるのか」が、指導者の中で明確でなければ、評価を設計しえない。学校教育重点目標と評価方法・評価規準（基準）のつながりが具体的かつ明快なものとなるように、助言を繰り返した。

⑵「つながる　ねばる　自己決定」の検証と共有
　〜カリキュラム開発（家庭科）を中心に

　筆者は、2022年度、家庭科教育における「指導と評価の一体化」に関して大阪府下に提案する場を与えられた。学習指導要領が示す「家庭科のものの見方」と「学校教育重点目標」を組み合わせ、学びのルーブリック（堀、2013）を作成した。さらに、そのルーブリックをもとにした1枚ポートフォリオを子どもたちの学びの振り返りの一助とした。

　これらを経て、学校教育重点目標実現に向けての教職員の主体的な実践が増え始めた。研修委員会を中心としたミドルリーダーが主導して、子どもたちの「つながる　ねばる　自己決定」力に関する年間の意識の伸びを検証するアンケートの活用が始まった。生徒指導関係の校務分掌からも、「つながる」に関連する資質としての「あいさつ」を重点課題として奨励するプロジェクトが開始された。子どもたちからも「つながる　ねばる　自己決定」という言葉が聞

かれるようになり始めた。具体的な教育実践こそが、共有ビジョンの浸透につながることを実感した。

3　共有ビジョンの具現化と再創造

⑴地域・保護者・教職員の協働で子どもの学びが変わる

　2023年度の6年生の起業家教育は、担任の強い願いではじまった。社会の一員であることの自覚、よりよい社会の実現への貢献意識、自身のよさや強みの自覚、多様な人との協働感覚等、キャリアイメージを、具体的な体験を通して豊かに育む学びを展開したいとのことであった。探究課題は、「起業」「地域伝統産業の活性化」である。地域企業（以下、協賛企業）とタイアップし、地域名産の注染手ぬぐいを、オリジナルデザイン（**図2**）で製作し販売する模擬会社を設立し、起業をリアルに体験するというカリキュラムである。子どもたちは、「企業理念とは何か（社会貢献とは何か）」「働くということはどういうことか（社会の一員としての自覚）」等について、ゲストティーチャーとして招聘した複数の協賛企業の経営者の信念、見学した協賛企業の組織編制や企業努力などにふれ、これからの自分の未来と重ね合わせながら、思いを深めていっている。また、地域のよさを探究し、手ぬぐい販売の委託先を子どもたち自らが開発

図2　子どもたちの思いがつまった
オリジナルの手ぬぐいデザイン

するなど、主体的な地域への働きかけを実践する姿も見られている。

　会社設立資金は、クラウドファンディングで提供を募った。Webを活用して広くカリキュラムを公開し、多くの賛同を得ることができた。子どもたちからは、「私たちのクラウドファンディングの目標達成金額がたくさんの方たちの支えで達成することができました。これから注染手ぬぐいをたくさんの人に伝え、堺市を幸せ色に染めていけるようにがんばっていきますので、今後ともご協力よろしくお願いします。私たち広報課は、注染手ぬぐいの良さを多くの人に宣伝していきます。そして、注染手ぬぐいを使い倒します！」（2023年6年児童の言葉）等の声があり、次の商品販売への意欲も高まっている（2023年10月現在）。

　このカリキュラムは、5年生6年生に関わる合計8名の教員（主幹教諭、6年担任、5年担任、高学年専科担当、高学年支援学級担当、学力課題解消担当、教頭、校長）が、チームとなって、子どもたちの模擬会社組織（地域課、営業課、広報課、デザイン課、経理課）を支援している。担任と筆者で、「企業理念」（**図3**）についてのワークショップを実施した。協賛企業へは、教材開発力の高い教員3名が中心となり、協力体制を取り付けた。また、デザイン担当の教員は、オリジナルデザインの練度を上げるために協賛企業担当者と連絡を密にとり、子どもたちの願いを叶えつつ、商品を実社会に送り出すためのハードル（登録商標等）をクリアすべく力を尽くした。筆者は、次のような後方支援にあたった。任意団体「八田荘西小学校キャリア教育推進協議会」（自治会長、PTA会長、校長、教頭、主幹教諭で構成）の立ち上げ、教育関係の新聞社と連携したクラウドファンディングの運営などである。

　そのほか、生活科でも、地域資源（各種店舗、公園事務所、保育園等）から協力を得た町探検活動を低学年担当の複数の教員がチームで開発、実行するなど、教職員が主体的にカリキュラムを開発、運営する動きが活発になってきている。

　このように、教職員それぞれの多様性・個性と強味を生かしたカリキュラムづくりが、地域や保護

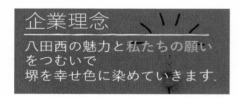

図3
子どもたちの会社の企業理念
子どもたちが話し合って定めた自分たちの
クラスの共有ビジョン

者との協働で展開され、それを受けて、子どもたちの学びも、主体的で意欲的なものになりつつある。

⑵共有ビジョンの再創造

　2023年度になり、校内研修委員会に参加する教職員から、前年度末に集約した「つながる　ねばる　自己決定する」という共有ビジョンについて再確認したいという声があがった。そこで、主幹教諭は、「令和4年度家庭科研究大会」で作成した枠組みをもとに再整理していこうと提案した。それを受け、研

ねばる	
子どもの姿	教師の支援
1、向上心をもって取り組むことができる。	
・新しい課題について、「やってみよう」という意欲が持てている ・一旦ゴールしたと思われる活動でも、さらによりよくしようとしている ・友だちの良さを取り入れている ・他者の意見を聞こうとする姿勢をもっている	■子どもとともに行う支援 ・学習内容・評価基準を具体的に決める。 ・レベル100などを明示する。授業時間それを意識し続けられるようにする。 ・目標やめあてを児童と共有する。 ■環境設定を行う支援 ・聞く姿勢の掲示を明確にする。 ・聞くことに必要感を感じられるような声かけを設定する。 ■ノートを利用した支援 ・子どもの良かったところを紹介する。(考え方、ノートの取り方など) ・よいノートの紹介、聴き合う関係がよいところの紹介をする。 ・うまく書いている友だちのノートを見る機会 を作り、どのように書いていけばよいのかを 見る取り組みを設ける。 ■課題設定での支援 ・「これならできる」と思う課題を提示し、子 どもたちの力に合わせた課題を設定する。(子どもの力量の見取り) ・発問に対しての答え(考え方)の例をこども の前に提示する。(授業の前に、予想される子どもの反応を指導者が豊かにもつ) ・小さな成功体験が積みあがるように、課題を設定する。(具体的にほめる・認める) ・導入と発問を工夫する。 ・少しレベルの高い課題の設定する ■目に見える評価の支援 ・子どもの良かったところを紹介する ・できたら達成シール (自他が目に見えるようにする。)

図4　「教師の手立て」の一部全体は15個の箱で構成されている教職員の実践知の言語化

修主任と学力課題解消担当が、ワークショップを複数回主催することになった。これは、共有ビジョンと教職員それぞれの自己マスタリーの関係を結び直すということ（共有ビジョンの再創造）であると考えられる。ミドルリーダーらに権限移譲し、校長としての筆者は、方向性についてのマネジメントでこれらのワークショップを支えた。結果、2023年10月現在、育てたい子どもの具体的な姿が一定再整理された。そこからさらに、教員がどのような手立てや指導をすれば、そのような子どもの姿を引き出したり、力を育てたりできるのかといった実践知も併せて表に整理することになった。教職員の資質向上につなげるため、現在（2023年10月末）も検討を重ねている（「教師の手立て」**図4**）。

　これらの一連の流れは、カリキュラム・マネジメントのPDCAサイクルのC（チェック）項目の策定であり、次のA（アクション）につながる部分である。同じ平面で弧を描くループから螺旋を描いて上昇するループとなりつつある。そのきっかけとなっているのは、ファシリテートする教員の力量の伸長である。主幹教諭や、研修主任、学力課題解消担当等が積極的に、校外の先進研究校へ視察等に出向き、新しい知見やものの見方を校内に持ち込むことで、新しい地平が開けつつある。

4　学校を起点としたウェルビーイングの実現に向けて

　次の**表1**は、勤務校の全国学力調査の質問紙の結果の一部である。

表1　勤務校の全国学力調査質問紙（結果一部）

全国学力調査　質問紙の状況		R3	R4	R5
自分には良いところがあると思いますか （肯定回答率）	本校	76.3	85.3	87.5
	大阪府	73.8	78.3	82.2
	全国	76.9	79.3	83.5

　この肯定回答増加と高水準の継続は、これまでの本校のカリキュラム・マネジメントの成果であると捉えたい。

　当初は、管理職が各教員や各組織などの要素を結び付けるハブとなっている感が強かった。しかしながら、育てたい子どもの姿を共有ビジョン「つなが

る　ねばる　自己決定」としてからは、徐々に目指したい子どもの具体的な姿が教職員間の対話の中心となり、新しい教育実践への主体的な挑戦が増え始めた。加えて、教員それぞれの強みがつなぎ合わされたチームでの動きが加速し始めている。さらに、校務分掌（研修　人権　特別支援　生徒指導　保健体育）が、ミドルリーダーを中心に、学校教育重点目標の実現のための各々のミッションを明確にし、そのための具体策を立案し、成果目標をもとに自己評価するといったPDCAサイクルを回し始めている。

　「『つながる　ねばる　自己決定』の3つの言葉は、子どもたちの間にも教職員の間にもしっかり浸透していると思います。簡単で覚えやすいだけでなく、教育活動の軸となっているし、この言葉で子どもたちの姿を捉えることが先生たちの基準となっている。子どもたちに対しても、ポジティブな声かけをする時、自然に"ねばってるね！"などの言葉を発している自分がいます」

　これは、初任3年目の教員の言葉である。

　今後も、教職員が自己マスタリーを表出し合い、お互いが影響を受け合うような対話場面の創出を念頭においた学校マネジメントを継続していく所存である。勤務校における共有ビジョンの再創造と浸透へのたゆみない働きかけを通して、勤務校に関わる人の有用感、当事者意識を引き出し、学校組織のPDCAサイクル活性化、つまり、強靭化を図っていきたい。さらに、今後は、勤務校外の要素（組織・人・施策等）へも積極的につながり、学校内とつなげるマネジメントを強めていきたい。

　そのことが、学校という場を取り巻く多くの人のウェルビーイングにつながると信じ、ゆっくりでも確かに歩んでいきたい。

（校長　所　浩子）

【参考文献】

・田村知子著『カリキュラムマネジメントの理論と実践』日本標準、2022年
・田村知子・村川雅弘・吉冨芳正・西岡加名恵編著『カリキュラムマネジメント・ハンドブック』ぎょうせい、2016年
・ピーター・M・センゲ著、枝廣淳子・小田理一郎・中小路佳代子訳『学習する組織──システム思考で未来を創造する』英治出版、2011年
・堀哲夫著『教育評価の本質を問う──一枚ポートフォリオ評価OPPA』東洋館出版社、2013年

● 事例2 ●

ゼロからつくる総合的な学習の時間の カリキュラム・マネジメント

「総合」を核とした学校改善につながるカリキュラムの開発

大阪府吹田市立第三中学校

1　学校改善につながるマネジメントサイクル

　本校は、市内で最も規模が小さい中学校であり、生徒一人一人と教員の距離が近く、教員間の連携がとりやすいという強みがある。しかし、協働して戦略的に課題を解決する力が弱いことが課題であった。筆者（教務主任）は、上記の強みを伸ばして学校改善を行うには、カリキュラム・マネジメントを中核に据えた学校改善策が最良の方法だと考え、次に紹介する実践を行った。

　まず、カリキュラム・マネジメントを定着させる土台として、組織力の基盤となる教師の資質能力の伸長を図ることから始め、それをカリキュラム開発等につないでいく計画を立てた。**図1**は実践の中で若干の修正を加えながら作成した、生徒と教師が一体となってウェルビーイングを目指すことができる学校を最終目標とした改善計画である。

図1　学校改善の長期計画

2　具体的な実践事例とその成果

⑴学習サイクルの活用で教師の対話力と協働志向をアップさせる

　「責任感」や「当事者意識」など、組織的かつ継続的にカリキュラム・マネジメントを行っていくために必要な資質・能力を高め、質の高いカリキュラム開発を行っていくために、最初に、教師エージェンシーを高める取組みを行った。ここで活用を考えたのが、OECD LEARNING-COMPASS 2030の中でエージェンシー等を高めるための学習サイクルとして位置付けられているAARサイクルであった[1]（**図2**）。

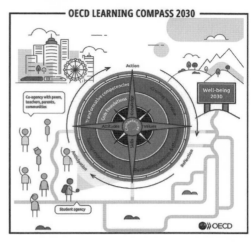

図2　AARサイクル（中央コンパス部分外側）
出典：OECD Future of Education and Skills 2030

　昨今OODAループなどが注目されているが、本校のように、組織力が脆弱な時期に導入するのはリスクが大きい。一方、AARサイクルは個人単位でもすぐに導入できるため、改革に前向きな教員を増やし、改革の気運を高めたかった本校では、AARサイクルの導入がベターな選択であった。また、**図3**のように、個人の成果を組織的な活動に反映させていくことで、将来的にAARサイクルとPDCAサイクルをつなぐことができると考えて活用を計画した。以下では、AARサイクルを用いて教師の資質能力を高め、協働志向をアップさせた実践を紹介する。

①対話の機会を増やし、ベテランと若手をつなぐ「勉強会」の実施

　対話のきっかけや他者理解を深める場として、任意参加の「勉強会」を設定した。これは、若手教員が知りたいことをテーマにベテラン教員と若手教員が、気楽に話し合える場である。

　勉強会を重ねていくうちに、ICTの活用など、若手が得意とするテーマでは、

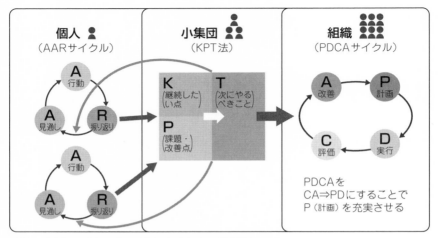

図3　AARサイクルとPDCAサイクルの関係図

若手教員が率先してリーダーシップを発揮して講師役を務めるなど、活躍する場面がどんどん増えていった。

　若手教員からは、「自分の強みを活かせば活躍の場が広がることを実感できた」「色々話す中で『頼っていいんだ』と思えてからは、助けを求めやすくなった」などの感想が聞かれた。また、ベテラン教員からは、「自分にない視点や知識を教えてもらえた」「日常の会話のきっかけになったと思う」等の感想が寄せられ、教員間のつながりを強化することができた。

②学校グランドデザイン作成と総合的な学習の時間のカリキュラム開発

　目標の明確化・共有化は協働するにあたって欠かせない要素と捉え、カリキュラム開発はグランドデザインの作成から始めた。その際に工夫したのは、ボトムアップ型への組織改革と先行事例[2]を踏襲することで作業の効率化を図ったことであった。

　作成された学校グランドデザインは、学校ホームページ[3]に掲載し、地域や指導主事から高評価を受けたことで、教員の目標に対する責任感や学校経営に参画する意欲が高まった。

　カリキュラム開発においては、教科間の枠を越えて多くの教員の力を一点に集中させるために、総合的な学習の時間に絞って開発を始めた。さらに、「本校での3年間の学びに1本の筋を通す」「地域の力を活用する」という2点を

3年間を通して学ぶ総合的な学習の時間　○○市△△中学校　指導計画

学校教育目標

豊かな人間性と粘り強く
行動する生徒の育成

目指す生徒像

進んで学ぶ生徒
お互いに高め合う生徒
夢や目標に向かう生徒

関係法律等

日本国憲法　教育基本法
学校教育法　学習指導要領
県・市町村教育施策

**3年間を通して学ぶ
総合的な学習の時間の主題**

地域のちからを活かした
キャリア教育

地域の課題

局所的に若年人口が減少し
ている地域
つながりが希薄になってき
ている

**3年間を通して学ぶ総合的な
学習の時間の指導目標**

・生徒一人一人が夢や希望を持ち、
　一人の社会人として自立できるよ
　う、自分にふさわしい生き方を実
　現しようとする意欲や態度・能力
　を育成する
・生徒一人一人が自己の個性や適性
　に応じて、自分で進路を選択する
　能力を育てるとともに、見通しを
　持って計画的に自己実現に努めて
　いこうとする態度を育成する

生徒の課題

様々な経験を十分に積ん
でいない
自己肯定感が低く、自信
がない

地域の資源

大企業がいくつかある
経験豊富な高齢者が多い
市役所が近くにある

	第1学年	第2学年	第3学年
学年の目標	・自分のよさや個性がわかる ・世の中の職業についての見解を深める ・将来に対する夢や憧れを抱く	・体験活動を通じて働くことや学ぶことの意義を理解する ・職業や高校についての知識を深め、将来の自己実現に向けて自分なりの計画を立てることができるようになる	・身近な人の働く姿から、自分自身の将来設計を具体的に描き、そのためには何が必要になるかを考え、実行する能力を身につける ・自己と他者の個性を尊重し、人間関係を築く力を身につける

図4　総合的な学習の時間の指導計画

柱として計画した。出来上がった全体計画（**図4**はその一部）は、「今後3年間かけて教員が一体になって磨き上げていく」ものとし、今後協働して磨いていくものとして位置付けた。

　これらの取組みを通して教員の資質能力と協働志向が高まり、本格的にカリキュラム・マネジメントを行っていく組織力を整えることができた。

⑵カリキュラム・マネジメントに欠かせない対話力の向上と資料等の蓄積

　カリキュラム開発の初期は、経験と資料を蓄積する時期と捉え、トライアンドエラーを合言葉に、各学年団で様々な取組みに挑戦した。また、「やるだけ」で終わらないように、学年会議等においてKPT法を用いて総合の時間の成果等を振り返る活動を導入した。KPT法においては、最初に個人の考えを出し合い、議論を重ねながら集団の意見をまとめ上げていくフレームワークであり、実践を重ねる中で対話力や責任感を向上させることにもつながった。

　写真1は、実際に振り返りを行った結果の例である。テーマの「服の力プロジェクト」とは、ユニクロが実施している古着を紛争地域の子どもに届ける企画である。本校は、この企画に初めて参加したので、計画どおりに行かないことも多かったが、KPT法と組み合わせて振り返りを強化することによって、改善に向けた具体策を多数得る

写真1　KPT法による振り返り

ことができた。また、生徒が古着集めを地元商店街の協力を得て行ったことなど、この企画への参加が、社会関係資本を得るきっかけになったことも共通理解することができた。

　以上のような成果を写真や録音によって記録し、次年度以降の参考資料として蓄積する仕組みづくりを併せて行った。また、資料を活用して対話を繰り返すことで、カリキュラム・マネジメントに参画する意識が高まっていった。

⑶組織的活動の活性化

　2022年度に、カリキュラム開発プロジェクトチーム（以下、PT）を立ち上げたが、その役割が曖昧だったため、ほとんど機能しなかった。しかし、3年間の学びに筋を通すための具体策を考え始めた頃から、学年間をつなぐPTの役割が高まってきた。そして、2023年度には、PTが昇格して正式に校務分掌のサブカテゴリーに位置付けられ（メンバーは、主席、教務主任、各学年担当

者2名）、定期的な会議が設定されるようになった。

　年度当初の会議では、各学年団が残した資料や生徒の実態等から、具体的な教育内容の精選が行われ、次の2つを軸とした計画を各学年団で立てることが合意された。

・今後、総合学習の成果発表会の形式を学年ごとに固定する。1年は展示発表、2年は舞台での集団発表、3年は舞台でのコンテスト形式の個人発表とし、各学年のつながりを意識した計画・実践を行うこと。

・積極的に外部企業との連携（出前授業やタイアップ企画）を模索すること。

　具体例として、2年の学年団では、出前授業などで学んだ知識を活かして、班で「手作りのおもちゃ」を作成し、それを地域の幼稚園や小学校の児童・教師に使ってもらって評価を受けた上で、活動のまとめを舞台発表する実践が開発された。

　写真2は、出前授業で学んだ「安全を考えたものづくり」という視点を活かして、フェルト製の柔らかいおもちゃを作成する様子である。

　発表に関しては、生徒は前年度の舞台発表を見学していたので、昨年度よりさらによいものを発表したいと意気込んでいた。

　以上のように、校種間の連携や、生徒間の学年を超えたつながりが生まれ、組織間の連携が強化されるとともに、組織的活動が活性化していった。

写真2　おもちゃを作る生徒

⑷子どもとの対話とサイクルの活用で授業や評価が好転

　2022年11月、白井　俊氏[4]を講師に迎え、生徒・教師両方に対して、エージェンシーを発揮してウェルビーイングを目指すことの大切さを題材とした講演会（研修を含む）を実施した。この講演は、教員と生徒が目標を共有し共に解決に向かうきっかけにすることを狙いとして実施した。

　このような研修と実践を繰り返していく中で、教師の授業にも変化が現れ始めた。例えば、今までは、授業中の話し合いの際は、教師が生徒にテーマを与

えていたが、次第に、生徒に何について話し合いたいかをたずね、生徒の意見を話し合い活動に取り入れる「生徒エージェンシー」の育成につながる授業が見られるようになった。また、OPPシート[5]を応用して、単元を貫く本質的な問いを意識しつつ、各授業における振り返り（AARサイクル）を重視した授業・評価を展開する教師が増えた。**写真3**は、3年社会の授業で使われたOPPシートの一部

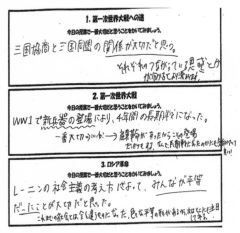

写真3　OPPシートの活用

である。教師が生徒の振り返りに対してコメントすることによって、生徒とのコミュニケーションをとっている。社会科教師は、このシートを他の教員にも見せて、シートの構成やコメントの改善に向けた意見交換を求めた結果、数学でも振り返りシートが活用されたり、「振り返り活動を評価する授業」が研究授業のテーマになるなど、個人の取組みが、自然発生的に組織全体に広がっていった。以上のように、本校ではカリキュラム・マネジメントを推進したことが、教育活動全般にプラスの効果をもたらした。

3　改善のサイクルを止めない学校づくりを目指して

　本校の取組みは、カリキュラム・マネジメントの導入から始めて定着を目指したもので、田村モデル（**序章図1**参照、p.5）の「ア」「イ」「ケ」「ク」に焦点を当て、マネジメントサイクルにAARサイクルを活用したものであった。しかし、実際にサイクルを回していくと、その効果等がモデル全般に波及していくことが確認できた。このことは、今後の改善戦略を練る上で貴重な気付きとなった。

　本校のような小規模の中学校では、職員の負担を鑑みてポイントを絞り、無理なく改善サイクルを回し続けることで、よい結果を積み重ねることができ

た。これは、教員や学校運営に限らず、全国学力テストの結果が年々少しずつ向上していることからも言えることである。

　筆者は、この取組みを通して、教育振興基本計画（2023）のウェルビーイングの概念の中にある「持続的な幸福」を学校が目指すためには、改善サイクルを止めずに回そうとする不断の努力と、対話を通して自他のことをよく理解し、自他の幸せを考えることが重要であると強く感じた。また、カリキュラムの良し悪しを判断する1つの基準として、「ウェルビーイングを達成するために必要な資質能力を高めることができているか」を考える必要性を感じた。本校のカリキュラム・マネジメントはまだ始まったばかりである。今後も地道な取組みを重ねながら改善を止めない学校となり、教師と生徒のウェルビーイングを目指していきたい。

（教諭　二ノ倉　直）

【参考文献】
・「教育振興基本計画　令和5年6月16日閣議決定」文部科学省、2023年、pp.1-10

【注】
1　AARサイクルとは、"Anticipation" "Action" "Reflection" の頭文字を取ったもので、日本語に直訳すると、「見通し」「行動」「振り返り」の学習サイクルのこと。詳しくは「OECD Future of Education and Skills 2030プロジェクト」において、2019年に示された「OECD ラーニングコンパス2030」を参照されたい。
2　例として「上越カリキュラムハンドブック」がある。詳しくはhttp://www.jecenter.jorne.ed.jp/2pdf1/0106%20handbook.pdfを参照されたい。
3　吹田市立第三中学校HP
　https://www.suita.ed.jp/school/jhs/03-daisan/
4　文部科学省 初等中等教育局 企画課教育制度改革室長（当時）。OECD Education 2030に関する著書もあり、教育とウェルビーイングに関する国際的な研究に携わっている。
5　OPPA（一枚ポートフォリオ評価）は、子どもがOPPシートの学習履歴を通して自己評価を行い、それを教師が見取って授業改善に生かすという評価法。

● 事例3 ●

カリマネモデルを活用したカリキュラム改革と 個に応じた指導・協働的な学び

全ての子どもの学びと成長を目指す小中一貫の少人数教育

愛知県西尾市立佐久島しおさい学校

1　学習者カリキュラムで自らの学びを創る子供を育成

　一人一人の子供の夢の実現を目指し、2019年4月に佐久島しおさい学校が義務教育学校として開校した。

　島の学校、義務教育学校として、何を大切にしていくかについて話し合った時に、子供が自分の人生をよりよく生きるための「資質・能力」の育成に焦点を当てた教育を目指したいと考えた。子供を中心に各教科や行事等を含めた学校の教育活動の各要素が円のように並んでいるとイメージしている。子供は教育活動（教科等や行事）を通して、それぞれを学びながら、そして、学んだ知識や技能等をつなげたり、活用したりしながら、成長していく（資質・能力が育っていく）「子供の視点に立った学び」を大切にしたいと考えた（図1）。

　学校カリキュラムを4層（野口）に分けて考えたときに、学校で育てたい資質・能力を定めることで、［層①］教育課程・学校経営案、［層②］各学年の年間計画、［層③］学習内容のまとまりである単元や授業、［層④］学習者自身が自分の学びを評価、意味づける、4つの層が資質・能力の育成を軸として、全校、学年、単元、学習者カリキュラムがつながっていくことが学習者一人一人のウェルビーイングを実現する手立てだと考える。

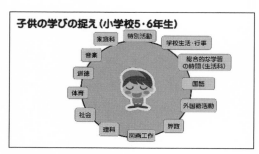

図1　子供の学びの捉え

※編注、本稿では「子供」と表記。

層①	全校カリキュラム　教育課程　学校経営案　　　等	４つの資質・能力	教師の手立て
層②	学年カリキュラム　各学年の年間カリキュラム 　　　　　　　　　各教科の小１～中３までのカリキュラム等		教師の手立て
層③	単元カリキュラム　指導案・単元構想図 　　　　　　　　　簡単な計画案・週案　　等		教師の手立て
層④	学習者カリキュラム　学習者自身が自分の学びを評価 　　　　　　　　　　　　自分の学びの意味づけ	◎学習者自身の 　気付き 　取り組み	

図２　カリキュラムの４層構造[1]

2　カリキュラムマネジメント・モデルで学びを構造化

　本校が目指す子供が求める心と力を４つの観点で整理し、それらをカリキュラム全体で取り組む「資質・能力（対象への興味・愛着、多様な価値を受け入れる心、問題を解決する力、コミュニケーション力）」とした。

　また、資質・能力の視点で各学年の目指す姿（ベンチマーク）を設定し、チーム学校として子供の資質・能力の育成に取り組む仕組み作りを行った。そして、佐久島しおさい学校の教育活動の要素を整理し、各要素を関連付けたり、構造化したりしながら実践することで、子供の資質・能力を育成していきたいと考えた。そこで、佐久島しおさい学校のカリキュラムマネジメント・モデル[2]「研究レベル」を作成し、教育目標の具現化に向けて要素や各要素の関連、構造化を明確にして実践に取り組んだ（**図3**）。

4　実際の取組み
資質・能力を育成する教科等横断的な取組み

⑴社会科「大王の時代」（図3、カリマネモデル：ウ、エ、キ）

　～情報を編集し、探究する子供～

　資質・能力の育成に向けて後期課程１年生（中学１年生）の社会科、理科、国語科の３つの教科で取り組んだ実践について述べる。

佐久島しおさい学校のカリキュラムマネジメント・モデル図[研究レベル]

ア　教育目標の具現化（育てたい資質・能力）

・資質・能力を明確にした目指す子供像（子供の実態から考えたつけたい資質・能力）
・佐久島しおさい学校の目指す子供の姿のベンチマーク（学校としての9年間の系統性）

教育活動（学校内）

イ　カリキュラムのPDCA　（Plan→Do→Check→Act）

P（計画）・・・子供の思考に沿った、問題解決を柱とした単元づくり
　　　　　　　　学年・教科カリキュラム、個の学びをコーディネート
D（実施）・・・資質・能力を育てることを意識した授業・単元・日々の教育活動
C（評価）・・・毎授業ごとに〇〇日記として、学んだこと、考えたことや次に取り組みたい
　　　　　　　　ことといった学習の振り返りを行い、資質・能力の育成につなげる
　　　　　　　　学習者が自分の学びを振り返る時間の設定（キャリアパスポートの活用）
A（改善）・・・評価を受け子供の実態に合わせて年間計画、単元、授業などを改善していく

オ　リーダーの信念

家族のような学校
つながりを感じる（人・もの・こと）

経営活動（学校内）

ウ　組織構造（人、物、時間、情報など）

・佐久島の環境を生かした魅力ある
　教材開発
・試行錯誤・自己決定をする学習環境
　づくり
・お互いの学びを共有するICT機器の
　活用（大型テレビ・iPadなど）
・異年齢集団での学び合い
　（委員会・しおかぜ学習・掃除等）
・一人一人の子供の魅力を引き出し、
　磨き、未来につないでいく教師

エ　学校文化＋個人的価値観

・学習規律（学校で統一・共通理解）
・話し合いの技（各学級に掲示）
・さくっ子トーク
　（お互いの意見を聞き合う土台作り）
・多様な人との関わり合い
・お互いの意見を受け止めたり、自分の意
　見を言い合ったりする学級・学校の雰囲
　気づくり
・子供たちと語らい、子供の名前で語り合
　う教師

連携・活用（校外）

カ　家庭・地域社会等

・子供を見守り育てる地域力の活用
・地域コーディネーター（太鼓・踊り
　の指導、アマモ・古墳ボランティア・
　島を美しく作る会など）
・学校、学級通信で子供の学びや様子を
　伝える
・ホームページ、ブログで、子供の学び
　や様子を伝える
・マスメディアによる学校の活動紹介

キ　教育課程行政

・義務教育学校として教育委員会と連携して学
　校運営や研究を行う
・アマモ移植ボランティア活動では、鈴木ダイ
　ビングサービス、三谷水産、愛教大、一色高
　校と連携
・愛知教育大の6年一貫コースとの授業づくり
　で連携
・西尾市の学芸員さんと連携

図3　カリキュラムマネジメント・モデルでの分析[2]

段階	対象への 興味・愛着	多様な価値を 受け入れる心	問題を解決する力	コミュニケー ション力
4 (後期課程) (1・2年)	対象と積極的に関わり、詳しく知り、よさを捉え直すことができる。	自他の考えやものの見方の違いを肯定的に捉え、受け入れることができる。	調べた情報を整理・分析し、自分の考えを再構築することができる。	理由や根拠を明確にし、自分の考えに自信をもって相手にわかりやすく伝えることができる。

※後期課程1年生の目指す姿を示している。2023年からは個別の目標設定

教科等	①社会科（東京書籍）	②理科（大日本図書）	③国語科（光村図書）
教科の 学習内容	「日本列島の誕生と大陸との交流」 ・佐久島の古墳について、資料や学芸員と協力して調べる。	「植物のなかま」 ・アマモを種子、胚珠、子葉、根などの観点で分類する。	「情報を整理して書こう」 ・集めた情報を比較したり分類したりして整理する。
重点 資質・能力	多様な価値を受け入れる心	問題を解決する力	コミュニケーション力

※3つの教科の内容を学びながら、その教科で重視する資質・能力を育成する。

　社会科の古墳時代の学習では、佐久島の古墳についてほとんど知らなかった子供は島の弁天サロン（資料館）で古墳から出土した副葬品を見たり、山の神塚古墳に見学に行ったりした。副葬品や資料、実際の古墳に触れることで、「佐久島の山の神塚古墳に眠る人はどんな人だったのだろう」という問いをもち、それを解き明かすために、西尾市の学芸員さんの話を聞いたり、西尾市史の資料を活用したりしながら、自分なりの根拠を調べた。本単元の終末では、一人一人が資料をもとに考えた「佐久島の古墳に眠る人物像」について友達と意見交流を行った。生徒Aの振り返りには「今回の単元では、友達や学芸員さんの意見を取り入れて自分の考察をすることができた」とあり、友達や学芸員さんの話から古墳がある場所からわかる情報にも着目し、多面的に考えたり、複数の情報を関連付けたりしながら古墳に眠る人物像に迫る姿が見られた。

弁天サロンを見学する生徒Ａ

友達に説明する生徒Ａ

(2)理科「植物のなかま」（図３、カリマネモデル：イ、ウ、キ）

〜地域を体感し、理科的な見方・考え方を深める子供〜

　理科の「植物のなかま」では、植物を種子、胚珠、子葉、根などの観点で観察を行いながら、最終的には、いろいろな植物がこの観点で分類できることを学んでいく。そこで、島で行われる『アマモ移植ボランティア』に参加した後に、「アマモは何植物だろう」という問いを立て、アマモの種、根や葉を観察したり、資料を使って分類の根拠を集めたりする追究活動を行った。また、一人一人が興味のある佐久島の海の植物（ワカメ、ヒジキ、タマハハキモク）について、根拠をもとに分類した結果を発表する場を設定した。発表を終え、海藻（ワカメ、ヒジキ、タマハハキモク）と海草（アマモ［単子葉類］）の違いを知り、佐久島の海の植物の分類と多様性について学びを深めた。生徒Ａの振り返りには、「友達の意見、発表を聞いて初めて知ったこともあったし、根拠を示しながら自分の考えを伝えることができた。アマモとワカメの比較も楽しくすることができた。佐久島のアマモは価値があるものだと改めてわかった」と述べるなど、植物を分類する知識を身につけるとともに、佐久島のアマモなどの海の植物の価値や多様

アマモ移植ボランティア

性（海藻、海草）について改めて実感する姿がみられた。

(3)国語科「情報を整理して書こう」（図3、カリマネモデル：イ、エ）

　〜教科を横断して知を統合する子供〜

　「佐久島のアマモのレポートづくりや佐久島の古墳の秘密をどのようにまとめると相手にわかりやすく説明できるだろうか」という問いに対して、情報を整理する方法を学んだり、目的や相手を明確にすることが大切であることを確認したりするなど、レポートづくりで活用できる情報を整理する方法を、社会科や理科の授業が行われている同時期に意識して実施した。

　3教科の単元を終えて生徒Bは、「佐久島のアマモは種ができる海草でめずらしいことがわかった。改めて佐久島の海のすごさを感じた」「古墳の秘密をまとめたり、アマモを分類するレポートづくりにおいて国語で学んで集めた情報を比較したり分類したりして整理することを意識した。それぞれの教科が関連していると思った」と感想を述べるなど、生徒自身がそれぞれの学びを関連させながら「古墳」や「植物の分類」の問題解決に向けて取り組んだことがわかった。

4　佐久島キャリアパスポートの取組み

(1)佐久島キャリアパスポートとは

　3の実践のように各教科や教育活動で子供は学びを深めていく。そこで、子供が各教科等の学びを縦断的に振り返ったり、教師が行事や各教科等の子供の変容を横断的に記録し、それを子供に伝える活動を取り入れ、それらの情報を子供自身が再構成したりする手立てを講じれば、資質・能力の視点で自分の成長や課題を認識することができるであろうと考え、佐久島キャリアパスポート[3]（4つの資質・能力の視点で学びを整理するシート）の作成を行った（**図3**、カリマネモデル：イ）。

　次のような手順で佐久島キャリアパスポートの取組みを行った。

Ⅰ　4つの資質・能力について説明をする。

Ⅱ　教師が授業や単元ごとに付箋に子供の成長や変化を記入し子供に渡す。子供は観点ごとに付箋を蓄積したり、振り返りを書いたりする。

Ⅲ　4つの視点ごとに、グループ化、ラベリングの活動を通して自分の学びや成長をまとめる。

Ⅳ　自分の学びや成長を友達に発表し合う。

Ⅴ　4つの視点ごとに自分の学びや成長を文章化する。

Ⅵ　自分の学びや成長を友達や後輩に発表する。

発表し合う姿

段階	対象への興味・愛着	多様な価値を受け入れる心	問題を解決する力	コミュニケーション力
5（後期課程）3年	関わった「人・もの・こと」を自分事として捉え、できることを見つけて取り組もうとすることができる。	自他の考えの多様性に気付き、新たな見方や考え方をもつことができる。	問題に対して自分だけでなく、他者も納得できるような説得のある結論を導き出すことができる。	自分の思いや考えをより多くの相手に理解してもらえるように、伝え方を工夫し、広く発信することができる。

※後期課程3年生の目指す姿を示している。2023年からは個別の目標設定

　各ページに自分で書いた振り返りの付箋や各教科等の先生からもらった付箋を蓄積し、それらを整理しながら、自分の成長や学んだことを言語化していった。生徒Cの取組みの一部を以下に示す。

対象への興味・愛着	初めて私はたくさんの人に支えられてきたんだなと感じることができました。そんな人たちに恩返しができるよう、今の自分ができることをがんばっていきたいです。
多様な価値を受け入れる心	自分と違う意見だからこそ、新しい発見があると思います。頭ごなしに否定したりせず、理解するということが大切なんだと気付くことができました。
問題を解決する力	私が問題解決のことで、重要だと思っていることは、自分のやりたいことや、自分の軸をしっかりもつことだと思います。
コミュニケーション力	自分の調べたことが正しくても、伝える力がないと正しいかどうか証明できないから、相手の目を見たり、話すスピードを調整したりと工夫して伝えるようにしました。

　生徒Ｃは、運動会や学芸会において、少人数がゆえに、全員の意見や考えを知ることができ、そのため迷ったり、悩んだりすることがあった。その中で、「何を大切にするのか」「なんのためにするのか」を意識する自分の軸をもつことの大切さを実感していく姿があった。

⑵子供一人一人をみとり成長に伴走するために

　子供たち一人一人を全職員で理解し、それぞれの子供の特性を知った上で、同じ目標に向かって学びを創り、そして、キャリアパスポートを通して、共に、成長や変化を振り返る。その子なりの一歩一歩に寄り添い、支えることができる学校であると考える。カリキュラムという軸で、学校の教育活動を整理することで、一人一人の夢を実現する教育活動を行うことができると考える。キャリアパスポート作成時に、「どうしてそう思ったの」「なぜ、成長できたと思う」と問い返すと、子供は自分の振り返りや先生からの付箋を見ながら、自分の言葉でその質問に応えてくれる。対話を通して、子供が自分の学びや成長を自覚していく瞬間を自分は一番大切にしたいと考えている。多くの人とのつながりの中で、自分の成長を実感し、自分なりにたどり着いた考えや自分の価値は、未来を切り拓く力へとつながり、子供たち一人一人のウェルビーイングにつながっていくと信じ、これからも日々の教育活動一つ一つを大切に積み重ねていきたい。

（教諭　江口慎一）

【注】

1　野口　徹「学びの総合化をうながす学校カリキュラムの開発－クロス・カリキュラム・アプローチの考えを基盤に－」鳴門教育大学大学院修士論文、2004年

2　村川雅弘・吉冨芳正・田村知子・泰山　裕編著『教育委員会・学校管理職のためのカリキュラム・マネジメント実現への戦略と実践』ぎょうせい、2020年、p.55

3　村川雅弘・三橋和博編著『「知の総合化ノート」で具体化する21世紀型能力』学事出版、2015年（知の総合化ノートの考えを参考に佐久島キャリアパスポートを作成）

```
● 事例4 ●
```

子どもたちの知的好奇心が高まり、
まちも元気になる探究的な学習を創る
～『見る・聞く・話す！龍野学』として～

子どもと地域のウェルビーイングの好循環を目指す龍野学の実践

兵庫県たつの市立龍野小学校

1　子どもと地域の互恵的関係づくりを目指す

　本校の子どもたちが集う学び舎周辺には、龍野城をはじめ城主脇坂家と関わる建物、童謡「赤とんぼ」の作詞者である三木露風の生家、そして江戸時代の町並みと脇坂家が保護した醤油醸造を伝える当時の蔵が多く現存する重要伝統的建造物群保存地区（以下、重伝建地区）などの歴史文化資源が豊富である。ちなみに本校の校歌は、童謡「赤とんぼ」と同じ三木露風作詞・山田耕筰作曲であり、2023年は、校歌制定100年目の節目であった。

　このように、本校校区には貴重な歴史文化資源が多いものの、コロナ禍も重なった結果、教科学習や総合的な学習の時間において、教材としての利活用が少なく、そのため、子どもたちには歴史文化資源への関心が高いとは言えない課題が見られ、またそれらの利活用を望む地域の声もあった。

　そこで、2024年に本校が開校150年を迎えた際の子どもの学びの姿を長期目標として設定し、これまでの総合的な学習の時間のカリキュラムを見直し、子ども一人一人の知的好奇心が高まり、仲間と協働しながら学ぶことでふるさとへの愛着を育むことを目的とした「見る・聞く・話す！龍野学」へと改善した過程を整理し、龍野学による子ども一人一人のウェルビーイングから地域社会のウェルビーイングへと深化できる可能性を探ることとした。

2　既存のカリキュラムを見直し、改善するために

⑴自分自身の実践してきたことを基準にしないこと

　教頭として現任校に着任した2022年は、コロナ禍による教育活動の制限が少しずつ緩和され始めた時である。管理職として、まず現任校の教育活動を把握するにあたり、意識したことがある。それは、「自分自身の実践を基準にしないこと」である。管理職やミドルリーダーなど経験年数の多い教員ほど新たな勤務地に着任すると、前任校との違いに気付く。例えば、本稿と関わる個別最適な学びと協働的な学びの一体的な充実を目指す総合的な学習の時間の実践について、前任校が活発に実践し、着任した現任校がそうでない場合は、**図1**の点線部分のように両者の間にズレが生じる。このズレを補おうと管理職やミドルリーダーが、現任校の実践への期待するレベルを下げたり、教員が前年度より力を入れて実践したりする。それでも両者にまだズレがあり、さらに管理職やミドルリーダーが現任校の実践に対して指摘するとする。まだ互いの信頼関係が不十分な時期であることも相まって、現任校の教員の負担感が増し、教員のウェルビーイングは向上しない環境になってしまうことが予想される。着任した管理職やミドルリーダーは、まずは、学校の組織全体でやりがい

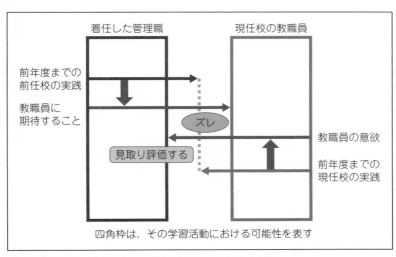

図1　新年度、新たな学校組織内で生じる意識のズレ

をもってカリキュラムを改善しようとする雰囲気をつくり出すことに注力することが大切である。

⑵学習の質を向上させるための教育アセスメント

　総合的な学習の時間では、子どもたちの学習活動の質を向上させるために、多角的な視点からの実態把握が大切である（**図２**）。これを以下に示されたカリキュラム・マネジメントの３つの側面と関連付けて紹介する。

　Ⅰ　教育の目的や目標の実現に必要な教育の内容等を　教科等横断的な視点で組み立てていくこと

　Ⅱ　教育課程の実施状況を評価してその改善を図っていくこと

　Ⅲ　教育課程の実施に必要な人的又は物的な体制を確保するとともにその改善を図っていくこと

　俯瞰して捉える「鳥の目」では、「地域のひと・もの・こと」のうち、何が教材になり得るか、学年や教科の学習内容と関連付けながら判断する。これはⅠおよびⅢと関連付く。細部から捉える「虫の目」では、学習する子どもたちの様子やそれを支える教員の授業方法や授業内容など現行カリキュラムの実施状況を把握する。全国学力・学習状況調査結果も具体的な数値資料となる。また、まちの人の願いや学校への期待なども把握しておくとよい。これはⅡと関連付く。流れを捉える魚の目では、例えば、個別最適な学びと協働的な学びを一体的に充実させるための要因を探ったり、地域社会との連携を探る上で地域学校協働活動の仕組みを探ったりと、学習活動の軸となる理論を理解する。これはⅡおよびⅢと関連付く。

　この教育アセスメントを共有する場が、校長、教頭、そしてミドルリーダー

鳥の目 （俯瞰して）	構造 把握	まちの実態（ひと・もの・こと） 教育内容を教科横断的視点でみること　　など
虫の目 （細部から）	実態 把握	子どもの実態　教育課程の実施状況の評価 まちの願い・期待　　　　　　　　　　など
魚の目 （流れを読む）	情勢 理解	個別最適な学びと協働的な学びの一体的充実 学習者本位の教育の推進 地域学校協働活動の推進　　　　　　　　など

図２　カリキュラム改善への多角的な視点と主な内容

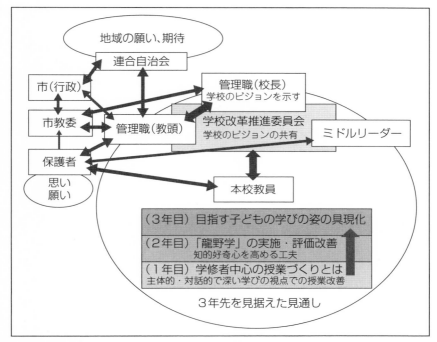

図3　学校組織で共通理解を図る仕組みと見通し

で構成する企画委員会（本校は学校改革推進委員会という名称）である。そこで改善案をつくり、学校組織全体で共通理解を図るようにする。地域、PTA、そして市（行政）など外部との窓口を担うのが管理職（教頭）である（**図3**）。教頭が外部とのよりよい関係を保っておくと、地域の願いや地域の専門家に関する情報も入手できることが多い。地域と学校が協働する子どもの学びの場づくりに、管理職（教頭）の担う役割は大きい。

⑶短期目標の決定・共有

　カリキュラム・マネジメントは、長期目標と短期目標を設定し、計画的に行うことが重要である。

　写真1は、2023年（長期目標2年目）4月初日に行った全体会の様子である。この会の目的は、短期目標を決定し共有することである。会の流れとしては、学校長の経営ビジョンをもとに、まずSWOT分析をし、学校の強みと弱み

を確認する。その際、着任した教員も参加しやすいように、前年度の学習記録やふり返り（前年度末実施済）を提示すると効果がある（**写真１**円枠）。この全体会によって、2023年の短期目標は、次の２点になった。

写真１　４月初日に行う全体会

ア）対話を軸にした「主体的・対話的で深い学びを生み出す授業」への改善を継続する過程で、「知的好奇心」が高まる工夫をすること

イ）地域の教材を有効活用した探究的な学習を推進すること

⑷「見る・聞く・話す！龍野学」とは

　「見る・聞く・話す！龍野学」とは、３年生以上の総合的な学習の時間の総称である。上記のイ）を具体的に整理したものが**図４**である。目指す子どもの姿、学習で伸ばしたい力、学習のステップを明らかにした。

　さらに、これまでの総合的な学習の時間のカリキュラムをもとに、各学年で扱う歴史文化資源を整理した。その結果、３年生は三木露風と赤とんぼ、４年生は龍野城、５年生は醤油や皮革、そして６年生は重伝建地区が探究的な学習の出発点となる。それらを実際に見て、そこからわき上がる疑問を専門家に聞きながら、わかったことを整理し、伝える対象に応じた子どもらしい表現方

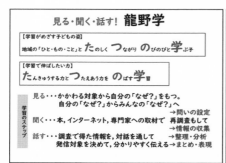
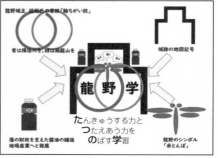

図４　龍野学にこめる思いと龍野学のロゴ

法で、地域の方および観光客に伝えて（話して）いく学習であることを、子どもも教員も地域も心に留めるには、インパクトのある短い言葉が必要である。そこで「龍野学」を用い、さらに各学年の学習内容に基づいたロゴマークも作成した。ちなみに学習ステップの「見る・聞く・話す！」の送り仮名を反対から読むと「すくーる（school）」となる工夫を入れている。

3　知的好奇心が高まる　まちが元気になる

⑴知的好奇心が高まる　～事例１「なぞ解き！龍野城」（４年生）～

　まず龍野城を調査した子どもたちは、写真と言葉で記録の整理をする。例えば、Ａ児は、建物の大きさや破風などに注目した子が多い中で、ひとり「天守閣がない。なぜ？」と記した（**図５**）。どうやらＡ児はお城と言えば姫路城のような天守のあるお城をイメージし、それと龍野城とを比較したようである。

　Ａ児の疑問をみんなに紹介したところ、同意する声が多く、そのため、みんなで考える問いを「なぜ龍野城には天守閣がないのかな」として調査に入った。本やインターネットの記事から得た事実をもとに、自分たちなりの意見をつくり、歴史資料館館長に取材した（**写真２**）。すでに意見をもっていることで、対話も活発になる。Ａ児も、「本丸御殿は政治をするところ。お殿様が生活したのは上屋敷」と理解し、上屋敷の工夫や本丸御殿から上屋敷までの駕籠での移動の仕方などに関心を示した。

　龍野城に関わる学びが高まると自然と誰かに伝えたくなる。そこで、子どもたちは、学級減によって生じた空き教室を「お城なぞとき資料館」に利活用するための準備に入る。例えばＢ児は、狭間について調査したことを展示したいと考

天守閣がない。なぜ？

図５　Ａ児のシート

写真２　専門家への取材

えた。狭間の役割を説明するには、実際の狭間と同じ模型を作成し、来場者には体験してもらいながら説明する方が効果的である考え、Ｂ児の考えに賛同した数名でチームを組み、模型づくりをしたり、狭間の役割を再調査したりした（**写真3**）。チームの目的が明確だと、メンバー同士の対話の質も自然と高まる協働的な学びとなる。**写真4**は重伝建地区で全国京都会議（たつの市は「播磨の小京都」）が開催され、参加された皆様に狭間を体験してもらいながら説明しているところである。来場された皆様からもわかりやすいと好評であった。

写真3　狭間の再調査

写真4　具体物による説明

　Ａ児とＢ児の学びの共通点は、龍野城という対象と主体的に関わりながら知的好奇心を高めていることである。互いの作文にも知識を深めたことによる自己有用感を感じていることがうかがえた。探究的な学習が子ども一人一人のウェルビーイングの向上につながったと言える事例である。

⑵まちが元気になる　～事例2「重伝建地区たんさく隊」（6年生）～

　本校校区には20年以上続く夏祭りがある。自治会やPTAなどから実行委員が集まり企画する祭りである。まちに「ふれあい・むすびあいの輪」をつくることが目的で始まった祭りであるが、近年は形骸化し、PTAからは実行委員の負担を軽減してほしいとの声が寄せられていた。

　そこで筆者は、重伝建地区を会場に開催するにあたり、ファシリテート役として、本校教員で共通理解していた子ども企画の導入と祭りをPDCAサイクルで進めることを投げかけた。子どもも実行委員も自己有用感が高まり、それが地域のウェルビーイングの向上につながると判断したからである。

　夏祭り当日、6年生の子どもたちは、子どもブースで自分たちが1カ月考え、準備してきた企画（円形紙うちわを配布し、表面には元気になる言葉や絵

をかいてもらい、裏面で下級生の龍野学の紹介をする）を実行した。うちわを配布する際、地域の方との会話に不安を抱いていたＣ児もうまく話せたことに自信がわいたようで、結局、１人で10人の方にうちわを配布できた。約400枚のうちわの配布を終えた子どもたちにアンケートでのふり返りをしたところ、97.6％が成功だと判断した。注目は「お客さんだけじゃなくて６年生自身にもよい変化が起きていて、すごくよいと思いました」という記述である。ウェルビーイングの要素となる「協働・向社会性」につながる意見であると判断する。

写真５　夏祭りの子ども企画

一方、実行委員会でも実施後に評価・改善する機会をもった（**写真６**）。回答者21人は全員成功だと評価し、負担感の軽減についても81％が肯定的な考え

写真６　実行委員によるPDCA

を示した。何より次年度に向けて建設的な議論ができた。その様子から、実行委員会にも「協働・向社会性」が高まったと判断した。

4　カリマネで学校と地域の好循環を

　他者評価の機会として、龍野学の記事を全戸回覧し、QRコードから感想を収集できるようにした。例えば、夏祭りの記事について、「子どもたちの優しさ、地域の一員としての自覚を植え付ける手だてとして非常によい方針だと思う」という返信があった。改めて学校の取組みを周知し、評価・改善することが重要であると実感している。今後も「龍野学」通じて、自分（子ども一人一人）・他者・地域社会のウェルビーイングに好循環が生まれるように努めたい。

（教頭　石堂　裕）

● 事例5 ●

ありのままでいられる学びの多様化学校

信頼と自信で子どもが変わる学び舎

岐阜市立草潤中学校

1　基本理念と特別の教育課程

(1)学校の基本理念

　草潤中学校は、生徒が学校に合わせるのでなく学校が生徒に合わせる「学校らしくない学校」というコンセプトのもと、東海地区初の公立不登校特例校（現学びの多様化学校）として2021年度に開校した。「ありのままの君を受け入れる新たな形」という学校教育目標を掲げ、不登校を経験した生徒が個に応じたケアや学習環境の中で、心身の安定を取り戻しつつ、新たな自分の可能性を見出すことを目指している。

(2)特別の教育課程

　年間授業時数は標準時数の4分の3の770時間、年間245時間（国語、社会、数学、理科、音楽、美術、技術・家庭、外国語、道徳、特別活動）を削減し、制作学習「セルフデザイン」と登校後と下校前に毎日行う「ウォームアップ・クールダウン」を設定している。

◆セルフデザイン：音楽、美術、技術・家庭のうち、各分野の学習に一定時数取り組んだ後、自らが興味・関心のある分野を選択する。その学習内容は、各教科担任が学習指導要領の内容を踏まえて助言をしつつ、個々が選択し決める。取り組む分野は、年度の途中で変更することも可能である。

◆ウォームアップ・クールダウン：登校後には、その日の予定を確認し、自分の調子に合ったペースで過ごせるように一日の過ごし方を決めたり見通しをもったりする活動を行う。また、下校前にはその日の取組みの振り返りや教師との対話の中で達成感を味わったり、次の日に向け心を整えたりする。

(3)基本的な時間割

　一般の学校よりも始業は遅く、午前2時間、午後2時間の1日4時間で構成される。週に1回2時間枠でセルフデザインと総合的な学習が行われる。下校時刻は基本的に午後2時半であるが、午後4時まで放課後学習として自主的に活動することが可能である。

2　選択可能な学習形態

(1)登校スタイル

　登校をして学ぶのか、家庭で学ぶのか、そのバランスについても自分の状況に合わせ選択できる。登校時刻や下校時刻も自分の生活スタイルに合わせ決めることができるため、遅刻という概念はなく「ゆっくり登校」と捉えている。
　生徒の多くは、日々試しながら自分に合うスタイルを見つけている。

○家庭でオンライン等を主とするスタイル

		月	火	水	木	金
始業	9:30					
WU	9:35	自分一人でウォームアップ				
1	9:55	家庭学習	家庭学習	家庭学習	家庭学習	家庭学習
2	10:55	家庭学習	家庭学習	家庭学習	家庭学習	家庭学習
昼食	11:50					
昼休み	12:15					
3	12:30	家庭学習	家庭学習	家庭学習	家庭学習	学習相談
4	13:30	Online学習	Online学習	Online学習	Online学習	学習相談
CD	14:25	自分一人でクールダウン				
終業	15:00	家庭で学習した生徒用のOnlineクールダウン				

○週に数日登校するスタイル

		月	火	水	木	金
始業						
WU		Onlineウォームアップ	ウォームアップ	Onlineウォームアップ	ウォームアップ	Onlineウォームアップ
1		家庭学習	国語	家庭学習	英語	家庭学習
2		家庭学習	数学	家庭学習	理科社会	家庭学習
昼食						
昼休み						
3		家庭学習	セルフデザイン	家庭学習	総合	家庭学習
4		Online学習	セルフデザイン	Online学習	総合	Online学習
CD		自分でクールダウン	クールダウン	自分でクールダウン	クールダウン	自分でクールダウン
終業		家庭学習の場合は15:00～15:15 Onlineクールダウン				

○毎日登校するスタイル

		月	火	水	木	金
始業						
WU		ウォームアップ	ウォームアップ	ウォームアップ	ウォームアップ	ウォームアップ
1		社会	数学	理科	英語	国語
2		英語	理科	国語	社会	数学
昼食						
昼休み						
3		国語	セルフデザイン	数学	総合	英語
4		体育	セルフデザイン	体育	総合	体育
CD		クールダウン	クールダウン	クールダウン	クールダウン	クールダウン
終業						

(2)ハイブリッドな授業

　授業は、基本的に全てオンラインで配信されている。生徒は、教室等で対面形式で学ぶことも、自宅から参加することもできる。また、教室に入ることに抵抗感がある場合は、校内の別室からオンラインで参加することもできる。
　オンラインでの授業が視聴中心の一方通行にならず、教室で学ぶのと同じように参加できるよう、ロイロノートやOneNote、チャット機能等を活用し、他

の生徒と同じ方法やタイミングで問題に取り組んだり課題を提出したり、双方向でやりとりできるように工夫している。また、本人の学びの状況を適切に把握し、評価につなげている。

対面とオンラインを併用したハイブリッドな授業

⑶選択可能な学習内容

　生徒の中には、登校できなかった期間に学習が停滞し、その遅れを気にして授業への参加に抵抗感を示したり、わかるところまで遡って学び直したいという意欲を表したりする者もいる。

　そこで、先述のハイブリッドな授業形態に加え、学ぶ内容についても個別に選択できるようにした。

　その1つが「学び直し」と「学びの個別化」である。数学・英語について

ハイブリッドな授業＋授業内容の選択

は、教室に隣接したギフティッドルームに教員を配置し、個の課題に応じた指導を行っている。

　また、その時間に別の教科に挑戦したい、興味のある活動にじっくり取り組みたい、少し疲れたから休みたいという場合も、教師の助言を受けながらその時間の過ごし方を決め、セルフデザインルームや図書室等を利用して自分なりの課題に取り組んでいる。

3　安心できる学校環境

(1)個別担任制の導入

　本校では、学級担任に加え生徒の希望による個別担任を位置付けている。学年単位の活動や連絡は学級担任が行い、「ウォームアップ」「クールダウン」、保護者面談等は個別担任が行う。学年が変わっても、途切れない支援を継続できるという点で、生徒たちの安心を保障する有効な仕組みとなっている。個別担任は、年に数回、変更希望調査を行うが、継続して同じ教師を選ぶ生徒もいれば、多数の教師との関わりを求め、定期的に変更する生徒もいる。学級担任と個別担任が役割分担し組織的に対応でき、一人の生徒に年間を通して複数の教師が関わることで、全校生徒を全職員で見守るという意識が校内に醸成されるメリットもある。

(2)自由な校風

　服装、頭髪、持ち物等の細かな規則はなく、生徒は自由な服装で登校してくる。給食はなく、好きなものを好きな場所で食べることができる。あいさつ、姿勢などのルールはなく、心の状態に合わせ自然体で生活している。

　学校生活について、人と合わせたり、一律に指導したりする必要がないということは、教師と生徒双方にとって精神的な負担が少なくなり、生活にゆとりが生まれている。

　何をしていても自由というスタンスが逆に不安だという生徒の声もあるが、次第に慣れ、少しずつ自分の意志で選択できるようになっている。自由であるからこそ、自分で決めるという判断をせねばならず、その繰り返しはありのままの自分の心を見つめるよい機会となっている。

⑶様々な校内環境

校舎内には個別に仕切られたEラーニングルーム、少人数で使用できるギフティッドルーム等、教室以外にも学習できる空間が複数用意されている。養護教諭のいるヘルスルームは、大人数で過ごすのに不安のある生徒の居場所となっているし、図書館にはソファーやテントが整備され、学校司書に見守られながら疲れた時にゆったり過ごせる場所として活用されている。安心感を生み出すためには、様々な部屋があることだけでなく、自由に居ていいという学校の雰囲気と、そこにいる人の存在も大きな役割を果たしている。

また、校舎内には、各生徒が自分の居場所を示す「イマここボード」が設置してある。教師が生徒の居場所を一括して把握できるだけでなく、自分のネームプレートを生徒自身が動かすことで、誰にも伝えずに居場所を変えられる便利なツールとして活用されている。

さらに、生徒が自分の願いを自由に投函する「ありのままBOX」もある。匿名でも投函でき、回答も公開、非公開を選択できるため、「先生の○○の言葉が嫌だった」「生徒作品を展示できるスペースがあるとよい」「修学旅行に行きたい」など、学校への注文やちょっとしたアイデア等、様々な内容が届けられる。投函された内容は教職員で速やかに対応を検討し、何らかの形で回答をしている。

4　生徒たちの変容

⑴居場所を見つける

本校の生徒たちは、不安と緊張の中、迷いながらスタートを切る。始めは教師に支えられながら、次第に自分で判断し授業に参加したり仲間と過ごしたりするようになる。時には、話したことのないクラスメイトに「一緒にご飯を食べよう」と誘われたり、行事への参加が不安で涙を流したりと予想外の出来事もあるが、それも貴重な経験となっている。

こうした日々の繰り返しの中で、自分で決めたことが「できた」経験が積み重なっていくと、最初の不安や緊張が薄れ、草潤中学校は生徒たちの安心できる居場所に変わってくる。そして教師は「信頼できる大人」だと感じるようになるのである。

⑵調整から自信へ

　学校での生活が安定してくると、生徒たちは自分なりのペースをつかみ、調整をするようになる。毎日登校は疲れるので週末はオンラインで、数学は苦手なので別室で、行事は思い切り頑張りたいので翌日は午後登校など、自分で選択することで安定した状態が継続するよう自分で行動をコントロールする。

　頑張りすぎず最低限でもなく、ちょうどよい前向き加減がわかると、生徒の様相はますます安定し、自主性も増し学びも充実してくる。それは大きな自信につながり、次への意欲を生み出す原動力にもなる。

生徒の変容

5　草潤中学校のバージョンアップ

⑴自信を得た生徒が求めるもの

　調整することにより等身大の自分を理解し、心身が安定してきた生徒たちは、次に挑戦したいことを伝えてくれるようになった。それは主に「仲間との関わり」と「学習」に関わることであった。

　しかしながら、本校にはエネルギーが不足し居場所を探している最中の生徒

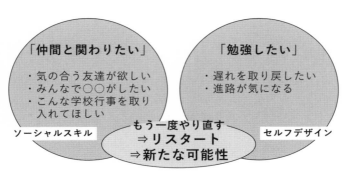

生徒が求めるもの

もいる。そのため、一人で過ごしたい生徒から仲間と関わりたい生徒まで、勉強に前向きに取り組めない生徒から様々な分野について積極的に学びたい生徒まで、多様な学び方が包含される学びのバリエーションを増やすこととした。

⑵他者と関わって学ぶ

　総合的な学習を中心に様々な教育活動の中で、他と関わる場面を意図的に取り入れることとした。

　総合的な学習では、行事を担当するチームに分かれ、それぞれが計画を立て運営する。始めは特定の生徒と関わる姿が多いが、自ら話しかけたり共同で作業したりするうちに、相談してアイデアを出すなど積極的にコミュニケーションをとるようになる。

　開校3年目で初めて行ったスポーツフェスティバル（運動会）は、出る種目は選択制、チームリレーを取り入れるなど生徒たち自身が工夫し、笑顔のあふれる充実した一日となった。

⑶個の課題に応じて学ぶ

　先述した通り、ギフティッドルームでは個に応じて学びを進めている。小学生用のドリルや視覚的な教材も用意されており、生徒の要望や実態に応じ内容や教材を変えたり、必要な配慮を提供したりしている。何をどのように学ぶとよいかわからず不安のある生徒もいるため、寄り添いながら本人に合った学び方を見つけている。教科書の基本問題と取り組みやすい活用問題をまとめたオリジナルファイルを作ることで、毎時間自分なりのゴールを決め、自主的に取り組むことができるようになった生徒もいる。

⑷自分の「好き」を見つける

　「セルフデザイン」では、楽器演奏、陶芸など自分の好きな分野に熱中して取り組む姿が見られるが、もっと追究したい、別の分野の体験もしてみたいなどの意見から、週に1回程度「拡大放課後学習」として、生徒のニーズに応え、様々な体験活動に取り組める時間を設けることとした。

　生徒たちは、バレーボールやバドミントンなど体を動かす活動や、楽器の演奏が得意な生徒が集まりバンド演奏などを楽しんでいる。ダンス、プログラミ

ング、イラスト、手芸などは専門家をボランティア講師として招いており、それを楽しみに登校する生徒もいる。

　自分に自信がもてず何に対しても興味をもちにくかった生徒が、1つでも「好きなこと」が見つかるのは、生活する上での大きなモチベーションになる。そして、職業に結び付くかどうかは別として、「好きなこと」が将来につながる新たな可能性を見出す第一歩となる。

6　これからの草潤中学校

　「セルフコントロール」「セルフデザイン」「ソーシャルスキル」。開校後の歩みから、この3つの力の重要性が見えてきた。

生徒に求める3つの力

　次年度の入学希望者に向けた説明会で、「草潤中学校で得たものは何ですか」という参観者からの問いに対し、ある生徒は「自信と友達です」と答えた。この自信は、「自分で決める」ことを繰り返し、「できた」達成感を味わう中で培われたものである。

　卒業していく生徒たちは、今後も様々な困難にぶつかることがあるだろう。その際、草潤中学校で得た、困ることがあっても支えてくれる人が必ずいるという人への信頼感と自分への自信を糧に、自分から助けを求め、自分で乗り越えられる人になってほしい。

　そのために、今後も3つの力を軸にしながら、個々の願いに応じ柔軟な対応ができる学校であり続けていきたい。

（校長　鷲見佐知）

● 事例6 ●

子どもの心の傷にアプローチする「『生きる』教育」
トラウマ・インフォームド・エデュケーションの重要性

トラウマを越えて「生きる力」を獲得していく独自の教育プログラム

大阪市立田島南小学校

1　逆境体験をもつ子どもたちのニーズ

　本項では、大阪市立生野南小学校（現・田島南小学校）で独自に開発された教育プログラム「『生きる』教育」について紹介したい。「『生きる』教育」とは、「子どもたちにとって一番身近であり、心の傷に直結しやすいテーマを授業の舞台にのせ、社会問題として捉えなおす。示された『人生の困難』を解決するために必要な知識を習得し、友だちと真剣に話し合うことで、安全な価値観を育む。授業の力で子どもたち相互にエンパワメントを生み出し、個のレジリエンスへつなげることをめざす」教育である（小野・木村ほか2022：12）。

　2011年度当時、生野南小学校は激しい「荒れ」に直面していた。2012年度に着任した筆者が担当したクラスでも、他校とは異なる質の「荒れ」を経験した。例えば、スイッチが入るとプロボクサー級のスピードでこめかみを1発なぐる、相手がうずくまった瞬間にみぞおちを膝蹴り、よろめいた相手の髪の毛をつかんでおでこを壁に打ち付ける、倒れた上に馬乗りになり、ボコボコにする、といった激しい暴力をふるう子どもたちがいた。

　生野南小学校の一つの特徴として、地域にある児童養護施設から通ってくる子どもたちが約1割を占めるという点があった。そういった子どもたちは、赤ちゃんの頃から親に育てられていない、親から激しい暴力を振るわれた、あるいは適切なケアを提供されてこなかった、という子どもたちである。子どもたちの激しい「荒れ」は、そういった逆境体験（虐待やネグレクト）に起因するものであるように思われた。

　木村幹彦教頭（後に校長）のリーダーシップのもと、一貫性のある生活指導、人権教育の充実、国語科教育の研究、すべての子どもたちが活躍できる場

づくりなど様々な手立てを打ったことで、2012年度秋までに生野南小学校は相当に落ちつき、2016年度までには子どもたちが穏やかに過ごせる学校として生まれ変わった（理論編第2章4を参照、p.22。小野・木村・西岡（2024）も参照されたい）。しかし、それでもなお、約2～3割の子どもたちにみられる「自己肯定感」の低さが気になっていた。

　そんな折、臨床心理学において子ども虐待を研究する西澤哲先生の講演「子どもの回復に向けた支援──総論」（2016年7月30日）を聞く機会を得た。その講演を聞いて初めて、逆境体験を経てきた子どもたちがどのような心の傷（トラウマ）やアタッチメント障害を抱えているのかが理解できたように思われた（**表1**参照）。

　さらに、その1週間後には、虐待防止を目指してシングルマザーへの支援な

表1　アタッチメント障害（愛着障害）と、かつての児童の実態との類似性

	アタッチメント障害	かつての生野南小でみられた児童の実態
暴言・暴力	○まず、心に棲む人がいないことで、「大切な人が悲しむから…」というストッパーがない。 ○トラウマの再演（PTSD）により、怒りの対象が相手児童ではなく、脈略や感情もなく、「スイッチ」だけがある状態。	殴られ続け鼻骨骨折、遊びでガラスを割り縫う怪我、多数の打撲や出血を伴う怪我が多く見られた（当時の保健室の記録より）。教師にあいさつ代わりに「死ね」「だまれ」という言葉をかける、コンパスを投げ、指導をすれば警察にかけ込むなどの行動も見られた。
人との関係	○親子関係において「支配される」関係以外の経験がないから、自分を守るため、「隷属」する方法しか知らない。 ○期待することと、裏切られることを繰り返した経験から、本当に信頼できるかを「ためす」。	「あいつを殴ってこい」と言われれば殴りに行き、「ここから飛び降りろ」と言われれば飛び降りて怪我をする。力をもつ者の命令が絶対であった。 　特に自分へ愛情を向けてくれる教師への執拗なまでの「試し行動」が日常的であった。
自己	○親の感情を中心に育った上に照らし返しもなかったので、自分の感情にラベル付けすることができない。 ○不快に鈍感で「快」になる方法を知らない。	何に関しても「わからん」という返答。心身の「快」についても、自覚が弱い。「あなたはこんなにいい子だ」という肯定的な照らし返しや、「今、こんな気持ち？」というラベル付けを、教師が一緒にしていく必要がある状態。

（筆者作成。小野・木村ほか2022：11。「アタッチメント障害」の欄については、大阪府立母子保健総合医療センター・小杉恵氏の講演資料「虐待はなぜ起こるのか──虐待の基本的理解と虐待を受けた子どもの育ちと問題」（児童虐待防止協会オープン講座、2016年8月4日）を踏まえている。）

どに取り組む社会福祉士の辻由起子先生の講演「すべてのこどもの安心と希望の実現のために──子どもの貧困の現状とその対応策について」（2016年8月9日）を聞いた。辻先生の講演は、虐待をしてしまう母親たちもまた逆境体験を経てきており、社会的・経済的に極めて厳しい環境にあること、虐待の連鎖を断ち切るためには「受援力」を育てることが重要であることを伝える内容だった。

　今、目の前にいる子どもたちを適切にサポートしなければ、将来、子どもたちがどのような逆境にさらされることになるのかを考えると、学校でも今、できることをしなくては…と考えるようになった。これらの出会いから生み出されたのが、「『生きる』教育」である。

2　「『生きる』教育」のプログラム

　生野南小学校の「『生きる』教育」は、「虐待予防教育」と「ライフストーリーワークを取り入れた教育──治療的教育」という2つの柱から構成されている（**図1**）。2020年度からは、子どもたちが進学する大阪市立田島中学校と

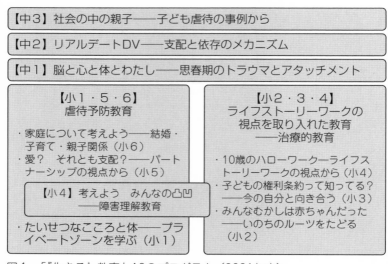

図1　「『生きる』教育」10のプログラム（2021年度）
（小野・木村ほか（2022）を踏まえて作成）

の連携により、中学校においても「性・生教育」として「『生きる』教育」を
実践することができるようになった。

　ここでは、小学校のプログラムについて紹介しておこう（詳細については、
小野・木村ほか（2022）を参照されたい）。

　「虐待予防教育」として、まず小学校1年生には、「あなたがとっても大切」
と伝え、自分の体や心を大切にする方法を教える。「安心」・「安全」・「清潔」
を保つために、危険・不安・不潔に気づく「基準」を考えるとともに、「プラ
イベートゾーン」は「見ない」「見せない」「さわらない」「さわらせない」と
いう「お約束」を学ぶ。さらに具体的な事例（様々な「タッチ」）の中で、「プ
ライベートゾーンのお約束」が守られていない場合を見極めるワークに取り組
む。最後に、困ったときに相談できる人や場所を確認する。その際には、児童
養護施設も、「困っている時に助けてくれる大人がいっぱいいるところ」とし
て紹介する。施設から通ってくる子どもたちには、「捨てられた」のではなく
「守られているんだ」という意識をもってほしいと願っている。

　2年生から4年生にかけては、「ライフストーリーワークの視点を取り入れ
た教育——治療的教育」にじっくりと取り組む。「ライフストーリーワーク」
とは、「子どもの日々の生活やさまざまな思いに光を当て、自分は自分であっ
ていいということを確かめること、自分の生い立ちや家族との関係を整理し
（空白を埋め、輪郭をつかむ）、過去−現在−未来をつなぎ、前向きに生きてい
けるよう支援する取り組み」（才村・徳永2016：8）である。

　まず2年生では、安心できる距離感について体験的に学ぶとともに、「赤
ちゃん」が誕生して育つまでにたくさんの「抱っこ」があったことを知る。

　3年生では、「子どもの権利条約」について学ぶ。まず、『権利ブック』（日
本ユニセフ協会の『子どもの権利条約カードブック』を許可を得てわかりやす
く書き換えたもの）を用いて、権利とは何かを説明する。さらに「子どもの権
利」を分類したり自分なりの優先順位をつけたりするワークを通して、権利の
内容をしっかりと読み込む。続いて、国内外の事例をいくつか示して、権利が
守られている場合と守られていない場合を見極める練習をする（**図2**）。さら
に自分たちにとって身近な「お悩み」についても検討し、権利が守られていな
い場合に相談できる人や場所を確認する。

　4年生では、「未来」を描き、「今」の自分と向き合った上で、「過去」を振

事例5

小学校4年生のみさちゃんには、1さいの小さな妹がいます。

おうちの人が出かけて帰ってこないときは、ずっとみさちゃんがミルクをつくったり、おむつをかえたりしています。

おうちの人が朝からいないときは、みさちゃんは学校を休んで、妹のお世話をしています。

そんなときは、友だちとも遊べません。

図2　『権利ブック』を片手に事例を検討する子どもたちと事例の一例
（小野・木村ほか2022：90）

り返る。まず仕事調べを行い、「履歴書」を書く。「履歴書」には、現時点での自分の夢、アピールポイントや嬉しかったことを1つ、皆に教えても構わない困りごとを1つ書くように伝える。続いて、クラスの友達との1対1で話し合う「面接」に臨む。例えば、ある男子児童たちは、次のような対話と行っている（児童名は仮名）。

ハルト「最近困っていることはありませんか？」
ケンタ「最近困っていることは、友達関係に困っています。仲よくなりたいけど、ついついいらんことを言ってしまって困っています。」
ハルト「そっかぁ。［考え込む］まあそうやなぁ。その相手が嫌がることをなんとか言わんくすればいいけど、それがなかなかできへんの？」
ケンタ「そうそう。」
ハルト「結論なぁ。どうする？　［考え込みつつ］ん～、どうしたらええんやろうなぁ。つい言ってしまうんやろ？」
ケンタ　うなずく。不安そうに身体をゆすっている。
ハルト「なんか気をつけていかんと。」

（NHKの番組「かんさい熱視線」2021年2月5日より。小野・木村・西岡2024：10）

この会話の後、ハルトは「友達へのせっし方を工夫すれば良いんじゃないですか」というアドバイスを書いた付箋紙をケンタに贈った。悩みを打ち明けたケンタは、取材者のインタビューに答えて、「秘密のことを初めて言うからど

きどきした」「[聞いてもらって]気持ちがすっきりした」「あおりを止められるようになりたい」と語っていた。横で聞いていたハルトは「ケンタくん優しいからなれる」と励まし、ケンタは「うれしい」と言って、受け取った付箋紙を真剣に見つめていた。

　この後、子どもたちは「未来予想図」を描き、「ほしい力」オークションに取り組む。「今」の自分には悩みを受け止めてくれる仲間がたくさんいることを実感し、「未来」は変えられることをしっかり理解した上で、自分の「過去」の10年間を振り返るワークに取り組むこととなる。最後に、「10年後の自分へ」手紙を書く。

　虐待を受けている子どもたちは、時に「過去」についての記憶が空白だったり途切れ途切れだったりするために、アイデンティティ形成に困難をきたす。「過去」を振り返るワークは、子どもたちにとってトラウマの再体験とならないように細心の注意が必要であり、時には1対1での対応が求められる場面である。しかし、信頼できる仲間や教師との語り合いを経ることで「過去」の整理がついた子どもたちは、きまって晴れ晴れとした表情へと一変する。なお、4年生については、2021年度より「障害理解教育」の授業も実践している。

　5年生では、再び「虐待予防教育」へと戻る。逆境体験をもつ子どもたちにとって、恋愛という親密な関係は実に魅力的なものである。しかし、お互いを尊重する関係の築き方がわからないために、交際が始まると同時に「支配・依存」の関係に陥ってしまう例が少なくない。人を好きになってからパートナーシップについて学んだのでは遅い。そこで、まだ恋を知らない5年生たちに架空のパートナーを生み出させ、楽しい「おでかけプラン」を考えさせる。その上で、そのパートナーたちの関係が、数年後に束縛・過干渉・依存の形（ドメスティック・バイオレンス：DV）に陥ってしまっている様子を提示する。子どもたちからは、「なんやこれ！」「恐怖やん！」といった声があがる。教師は、何がおかしいのかを加害者側に説明できるぐらい、きちんと言語化することを求める。それにより、恋愛の中で生じがちな「支配」や「我慢」を見抜く目をしっかり育てることを目指している。

　6年生では、「家庭」をテーマとして位置付け、結婚、子育て、親子関係について考える。まず、結婚は法的にみて夫婦が同じ権利をもつものであること、子育てには様々な仕事があり苦労と喜びがあることを学ぶ。また、将来の

自分の理想の「間取り」を考えることで、未来のイメージを膨らませる。さらに、大切な人の暴力や暴言が心の傷（トラウマ）にまでなるというメカニズムを学ぶとともに、その治療法も考える。子どもたちには、心の傷を治す専門家がいること、身近な人とのつながりで傷を癒すこともできること、レジリエンスを高めるために心の「安全基地」が重要であることを伝える。

3　すべての子どもたちにとって価値のある学習経験を

　日本において、虐待の通告件数は年々増加し、虐待死亡事例の報道も後を絶たない。しかしながら、一時保護されたり児童養護施設などで養育されたりする子どもの数はごく限られている。西澤哲先生は、「本来であれば親元から分離される必要がある深刻な虐待事例であったとしても親元での生活を継続し、在宅支援の対象となる子どもが少なくない」と述べている（小野・木村ほか2022：179）。生野南小学校のように地域に児童養護施設がない学校であったとしても、「虐待予防教育」や「治療的教育」が必要である可能性が高い。

　「『生きる』教育」では、逆境体験のある子どもたちだけでなく、すべての子どもたちにとって価値のある学習経験を提供することを目指してきた。心身の貧困や虐待の連鎖を止めるのは、逆境体験のある子どもたちだけではない。すべての子どもたちが友達や社会に目を向け、うれしいことも悲しいことも他人事ではないと思えるように育ってほしいと願っている。

　生野南小学校の教育実践について、後に西澤哲先生は、「トラウマ・インフォームド・エデュケーション（trauma-informed education：TIE）」だと評価してくださった（西澤2021）。TIEとはトラウマを認識した教育、すなわち子どもがトラウマを抱えているかもしれないことを前提とした教育である。生野南小学校において教員が子どもたちのトラウマを前提とした教育実践を行うことで「荒れ」を克服できたことは、TIEの重要性を示す一例と言えるだろう。中でも、「『生きる』教育」は生野南小学校のTIEの中心にある教育プログラムである。ただし、そのプログラムを子どもたちにとって納得のいくものとして届けるためには、子どもたちの権利を尊重する学校づくり（理論編第2章4を参照、p.22）が基盤となっていることを強調しておきたい。

　なお、「『生きる』教育」は、統合後の田島南小中一貫校（田島南小学校・田

島中学校）においても実践され続けている。子どもたちのニーズや教師たちの願いを踏まえ、新たなプログラムも開発されている。2023年度に実践された学習指導案のすべてが、今垣・小野ほか（2024）に収録されているのでご参照いただきたい。

（教諭　小野太恵子）

【参考文献】

・小野太恵子・木村幹彦ほか編、西澤哲・西岡加名恵監修『「『生きる』教育」――自己肯定感を育み、自分と相手を大切にする方法を学ぶ（生野南小学校教育実践シリーズ第1巻）』日本標準、2022年
・小野太恵子・木村幹彦・西岡加名恵編著『子どもたちの「今」を輝かせる学校づくり――トラウマ・インフォームド・エデューケーション（生野南小学校教育実践シリーズ第3巻）』日本標準、2024年
・才村眞理・徳永祥子「ライフストーリーワークの説明」才村眞理、大阪ライフストーリー研究会編『今から学ぼう！　ライフストーリーワーク』福村出版、2016年
・田村泰宏・西岡加名恵編、小野太恵子・木村幹彦著『心を育てる国語科教育――スモールステップで育てる「ことばの力」（生野南小学校教育実践シリーズ第2巻）』日本標準、2023年
・西澤哲「生野南小学校のトラウマ・インフォームド・エデュケーションの実践」（生野南小学校　公開授業・研修会での講演）、2021年
・今垣清彦・小野太恵子・別所美佐子・田中梓編著、西澤哲・辻由紀子・西岡加名恵監修『「『生きる』教育」全学習指導案集――「安全・安心・愛情」を保障する9年間の教育プログラム（生野南小学校教育実践シリーズ第4巻）』日本標準、2024年

● 事例7 ●

生徒の主体性を生むための
教員リーダーを育てる組織運営

分散型リーダーシップで多彩な実践を生み出す大規模校の挑戦

大阪学園大阪高等学校

1　大阪高等学校とは

⑴大阪屈指の大規模校

　私立大阪高等学校は、大阪府東淀川区に位置する全日制普通科、高校単独の一法人一設置校である。長い歴史があり、2027年に100周年を迎える。男子校であったが、2008年に男女共学がスタートした。男子校最後の6年間は定員割れを起こし、毎年250名程度の入学者数にとどまる状態が続いた。生徒減少の危機感から、学校改革に乗り出し共学化に踏み切った。結果的に、共学化初年度は2000名以上の受験者数、入学者は600名を超え、2023年現在では学校全体で2117名が在籍する学校となっている。

　筆者は本校で22年間教員として勤務してきた。共学化以後は、国語科主任をしながら、学年主任、生徒支援センター長（生徒指導と生徒会指導の統括）の役割を果たし、現在は教頭として勤務している。本校の実践レベルのリーダーとして組織の中心軸を担い、現在は組織をマネジメントする立場である。

⑵目指す生徒像は「"オモロイ" 18歳」

　本校に通う生徒たちは、ペーパーテストで高い得点を取る生徒たちではない。中間層、いわゆるボリュームゾーンに位置する生徒たちである。生徒募集が成功している今、合格基準を上げ、入学者の学力層を上昇させることも不可能ではないが、本校はその創立の理念から、現在入学してくる学力層の生徒への教育にこだわっている。本校は戦前、教育の機会が少ない若者たちに、少しでも多くの機会を生み出そうという理念のもと、大阪の私立で4番目に創立された旧制中学校である。また大阪学園は「弱きを扶ける」という考えのもと、

戦争で家計の担い手を失った人のため就労支援につながる専門学校や、働きながら通える夜間学校を設立した歴史をもつ。現校長が「本校の教育により、生徒を幸せにしたい。そして本校の生徒が成長する教育が広がれば、日本の高校生が幸せになる」と述べるように、創立の理念が引き継がれ今日に至っている。

　本校では2018年から、目指す生徒像として「主体的に行動する"オモロイ"18歳」を掲げ、教育活動に取り組んでいる。この生徒像に近づくことが、生徒たちのウェルビーイングの実現につながると考えている。本校のカリキュラム編成は国際やスポーツなど、ある分野に特化していないことが特色と言える。その理由は、本校に入学した生徒が、高校3年間で自分の進む道を模索し、多様な進路へと歩んでほしいと考えているからである。オーソドックスなカリキュラムによる授業を展開し、放課後や長期休暇中の教育活動を充実させ、生徒の主体性を醸成している。これら本校独自の教育活動が生徒のキャリア意識の形成にもつながり、多様な進路決定の道筋にもなっている。夏期講座、探究ラボ、地方創生フィールドワーク、高大連携PBL講座など、これらの活動をすべて紹介することができないため、本校がこの10年で大きく変容したことを体現している「オープンスクール企画運営委員会」について紹介したい。

(3) 生徒が参画するオープンスクール企画運営委員会

　ほとんどの高等学校において、中学生とその保護者に学校の教育や雰囲気を知ってもらうために、オープンスクール（以下、OS）を実施している。第1部は講堂や体育館で教育活動や進学実績、入試制度の説明などを行い、第2部として少人数に分かれ校内案内や部活動見学などをしてもらう。オーソドックスな構成だが、本校のOSが特徴的なのは、OS企画運営委員会に所属する生徒たちの関わり方である。

　2011年でのOSで受付スリッパを並べている入試広報担当教員に、生徒が「先生、並べるのを手伝おうか？」と声をかけたのが、委員会発足のきっかけである。2013年よりOSボランティアスタッフとして生徒会執行部の生徒を中心としながら、生徒がOSに参加することとなった。そして2019年からは、生徒の成長を促進する場として、1期生31名がOS企画運営委員会として発足。年々その数は膨れ上がり、2022年には274名の生徒が参加し、OS運営の軸となっている。その名の通り、企画運営から携わるのが委員会の大きなポイント

である。他校のOSを視察した担当教員たちが挨拶を「させられている」生徒たちを見たことにより、本校では生徒たちがもつ自分自身の思いや主体性を大切にして関わってもらうことを目指し、企画運営を続けてきた。2022年度の企画運営委員会は4名の委員長と、10名を超える副委員長で構成された。副委員長はOS第2部での企画を1つ考え、それを担当していくリーダーとなる。委員長が複数名いるのは、274名という大人数の組織を、1人の委員長で担うのは高校生にとって物理的にも心理的も負担が大きいため、委員長チームとして支え合う体制にするためである。委員長は、第1部において司会やコース紹介を務めることも多い。副委員長は第2部の企画を毎年ゼロから考える。「大高クイズ」、制服紹介コーナー、コース紹介ブース、マスコットキャラクター着ぐるみ作成など、本校の受験を考える中学生と保護者に対して、どのような「おもてなし」が多くの笑顔を生み出せるかを常に考え、各企画チームは動いている。どのような思いで活動しているのかを聞いてみると、A委員長は「中学生や保護者だけでなく、OS企画運営員会の仲間も含め、関係するみんなを笑顔にしたい！」と答えてくれた。またB委員長は「私は中学3年生のときに、大阪高校のOSに参加して、OSスタッフの高校生に憧れて受験を決めました。だからOS企画運営委員会に参加しました。私を成長させてくれた大好きな大阪高校を、多くの中学生に知ってもらいたい」と回答した。これらの言葉から生徒たちは、教員からの働きかけで関わっているのではなく、主体的に参加していることがうかがえる。来校する中学生や保護者のみならず、自分に関係する周囲の人々の笑顔を増やしているという実感は、生徒のウェルビーイングを向上させていると考えられる。このOS企画運営委員の生徒たちの存在も影響し、年間6回実施しているOSでは、毎回850名の定員が埋まる状況が続いている。

2　「責任」と「権限」で協働する組織運営

⑴主体性を生むポイント

　1で本校生徒の主体性向上を示す実践を述べた。筆者は、このような主体性を生む土壌として、「責任」と「権限」が重要だと考えている。責任とは、人としてあるいは立場上引き受けなければならない任務であり、反面、自分または自分たちの行為に対しての責や科を負うことも求められる。権限とは、ある

範囲において正当に行使することができる能力や権利である。生徒に「責任」と「権限」を与えることで、OS企画運営委員会は、生徒が主体的に関わるようになり、その教育的効果が向上したと考えている。そして、生徒に「責任」と「権限」を与えるためには、教員自身も「責任」と「権限」を有していることが必要だと考えている。

　また、2000人を超える生徒が在籍する本校では、主体的に行動することが、ときに価値観の対立を生じさせる。そのような状況において、本校が大切にしているもう1つの要素は「対話」である。「対話」とは、「話し合いをしているメンバー同士、相互の『ズレ』に気付き、相手の意見をいったん受け入れること」（中原・中村2018）と定義されている。生徒同士が「対話」できる環境を用意するために、教員自身が会議においてグランドルールを定め、心理的安全性を担保しながら「対話」をする体験を重ねることが重要だと考えている。

⑵「自主経営」で教育活動を充実させる教師集団

　全教員に「責任」と「権限」があることを自覚しながら教育活動を展開することが望ましいが、そのような風土をつくるため、実践レベルのリーダーに適正な範囲内で最大限の責任と権限を与える組織運営を行っている。実践レベルのリーダーに責任と権限を与えることで、進化型と言われるティール組織（ラルー2018）における「自主経営（セルフ・マネジメント）」が機能すると考えている。自主経営とは、「大組織にあっても、階層やコンセンサンスに頼ることなく、仲間との関係性の中で動くシステムである」と説明される。学校の組織構造の特徴は、教員が複数の役割を同時に果たさなくてはならず、単純なピラミッド型の構造にはなりえない点にあると言える。管理職が、学年、教科、校務分掌という、それぞれの組織内集団を管理し、指示を出すことができればよいが、実際には全ての業務の進捗状況を理解し、適切なタイミングで指示を出すことは困難である。進化型組織における自主経営が機能すれば、各組織内集団は生徒に必要な教育活動を迅速かつ的確に行うことが可能になる。

⑶「財」を活用する組織運営

　組織構造の重要な要素として「人・物・財」が挙げられる。私立学校では、「財」に関する部分について、法人会計担当者や管理職だけで予算を考えるの

が一般的だと思われる。しかし本校では、例年10月頃より、過去および今年度10月までの教育活動を振り返りながら、来年度の教材費および模試検定費の予算案を、現場の実践レベルのリーダーが作成する。教材費には、長期休暇中の課題冊子や英語の四技能アプリなどの直接的な教材だけにとどまらず、校外学習や芸術鑑賞の予算も含まれる。また、学年によっては留学生との交流プログラム費用の予算を計上する場合もある。つまり、各学年や各教科において、目の前の生徒集団に必要だと考える教育活動を計画し、その予算案を、学年主任を中心とした各学年団と、教科主任を中心とした各教科が決めるのである。もちろん、予算費用を際限なく増やすわけにはいかないため、新たな教育活動の予算を組み入れる場合、他の教育活動の縮小や削減が必要になる。また、各学年やコースで受験する模擬試験や検定についても、学習を担当する校務分掌や関係する教科により計画が立てられ、模試検定費についての予算が組まれる。在籍する生徒の状況や、また次年度より入学する生徒に対して、より効果が見込まれる模擬試験や検定が何かを議論し、予算案を作成する。これら教材費や模試検定費の予算案は、各集団における会議で策定され、提出されたものを管理職がチェックし、企画推進本部会議において最終的な決定を行う。「財」の決定プロセスに実践レベルのリーダーを中心としながら、現場の教員が関わることで「責任」と「権限」の意識が強化されると考えている。

⑷「人」を活用した組織運営

　本校では、人事の決定権は管理職にあるという原則を明確にしながら、決定前のプロセスに校務分掌のリーダーが参画している。具体的には、1〜2月の期間、校務分掌のトップリーダーである4名のセンター長と副校長・教頭で構成された「コアメンバー会議」を実施し、翌年度以降の教育活動の戦略を議論している。本校は校務分掌において「部」ではなく、「センター」という名称を採用しており、以下の4つのセンターが中心となり校務を行っている。

スクール リレーションズ	入試渉外部	ライフサポート	自治活動推進部
	入試広報部		生活サポート部
ナレッジ マネジメント	学習推進部	キャリアレディネス	キャリアデザイン部
	教務部		進路推進部

4センター長が集う「コアメンバー会議」は次の流れで実施している。

①業務の書き出し　②最適化を議論　③業務の再編成　④部長人選の議論

　具体的には、①1年間を振り返り4つの校務分掌で担当したすべての業務を各センター長が述べ、教頭である筆者がエクセルシートに入力する。②これをプロジェクターで投影し、各業務について担った分掌が最適だったのかを、メンバー全員で検証する。③その後、全体最適化を目指し、業務を再編成する。④再編成後、各分掌で必要なキーパーソン（部長）は誰か議論を重ねた。この「コアメンバー会議」を8回実施した。この再編と部長の原案を副校長・教頭から学校長に説明および提案をした。説明後、学校長からの疑問や課題を提示してもらい、再度「コアメンバー会議」へ持ち帰り議論するという往復を2度行っている。組織編制と人事の最終決定権は校長にあるが、そのプロセスに各センター長が関わることで組織運営が自分事となる。それにより、各センター長のマネジメント意識と責任感が増していると感じている。

(5)企画推進本部会議の読書会

　「対話」は価値観の対立が存在する中で生じる。教育活動において生徒同士、生徒と教員、教員同士の「対話」が必要なことは多々あるが、その「対話」のスキルや経験を深めるため、管理職・センター長・学年主任で構成される企画推進本部会議のメンバーで「読書会」を定期的に開催している。「読書会」のねらいは、共通する書籍を読み意見を述べ合う場を作ることで、教育に関連する共通言語を生み出し、教育哲学などを共有し合うことである。さらに、「対話」のために必要なスキルや場作りについて学び、それを校務分掌会議や学年会議においても活用してもらうことにある。「読書会」は年3回、管理職・センター長・学年主任という3つのチームに分け、次の流れで実施される。

①全員が
書籍を推薦　②各チーム
図書決定　③議論の柱
を提示　④読書会
当日

　2023年度第1回目の「読書会」は管理職チームが担当し、孫泰蔵『冒険の書』を選定した。グランドルールは「他者の意見を馬鹿にしない」「自由に感じたこと、考えたことを述べ合う」「1回の発言は2分以内」として、担当チームがファシリテートとして場を運営する。2023年度第1回目の読書会における議論の柱は「学校の勉強はどうしてつまらないのか」という、書籍内にあるタイトルから選んだ。参加教員からは「（書籍の主張に触れ）自分の教育活動の方向性に自信がもてた」という発言もあれば、「机上における理想論を述べている感じがして、読んでいて不愉快だった」という否定的な発言もあった。しかし、どのような発言も尊重するという体験を実践レベルのリーダーが経験することで、リーダーが取り仕切る各会議においても「対話」を大切にする理念が波及すると考えている。各教員が「対話」を日常的に感じることができれば、それが教室の実践につながっていき、本校においての「対話」の質が担保されると考えている。

3　生徒のワクワクを生む学校づくりへ

　私立学校が、その教育活動の成果を図る指針として重要視するものの1つが、受験者数および入学者数の推移である。直近5年間、受験者数は2021－2062－1903－1988－1840、入学者数は631－679－730－765－695で推移している。これは大阪府内の私立高等学校上位5番以内に位置している。本校に通いたいと思ってくれる中学生が多いということは、本校の教育に一定の魅力があるということだろう。本校の卒業生Cさんが、「興味をもったものには必ず参加するようになった。高校時代に感じた心の自由や明日へのワクワク感は今でも私の原動力となっている」と話してくれた。本校を選んでくれた中学生が3年間で、Cさんのような意識をもち社会へ飛び立ってくれるような教育活動を、これからも継続していける教員組織でありたいと考えている。

（教頭　北村恭崇）

【引用文献】

・フレデリック・ラルー著、鈴木立哉訳『ティール組織』英治出版、2018年
・中原淳・中村和彦著『組織開発の探究』ダイヤモンド社、2018年

● 事例8 ●

子どもと教師の生きがい・やりがいを創出する「１単位時間40分午前５時間制」

教師の働き方を変える教育委員会のカリマネ

東京都目黒区教育委員会

1　「40分授業午前５時間制」が目指すもの

　東京都目黒区は2002年度より一部の小学校において「40分授業午前５時間制」に取り組みはじめた。2019年度より文部科学省研究開発学校として本格実施し、2023年度は区内22校中17校が取り組んでいる。筆者は運営指導委員の１人として関わっている。本稿は、『教職研修』（教育開発研究所発行）の2022年10月号および2023年３月号の筆者の原稿および目黒区教育委員会作成の「令和４年度研究開発学校実施報告書」を元に、目黒区委員会に対する面談（2023年９月）を踏まえて、筆者が再整理したものである。

　小学校学習指導要領の総則に「各教科等のそれぞれの授業の１単位時間は、各学校において、各教科等の年間授業時数を確保しつつ、児童の発達の段階及び各教科等や学習活動の特質を考慮して適切に定めるものとする」（第2教育課程の編成3(2)ウ(ア)）とあるように、現行学習指導要領の下でも１単位時間を弾力的に運用できるが、実質的には45分を基本としている。目黒区は区を挙げて40分授業（例えば、４年生以上で、標準授業時数が45分×1015コマを、40分×1015コマで実施）を原則とし、2026年度を完成年度（全校実施）として進めている。

　「40分授業午前５時間制」を通して、集中力の高い午前中は主に教科等を中心に学習し、従来型の学力の定着を図り、生み出した午後の時間を、個に応じた指導や協働的な活動、地域における多様な体験活動への参加、教員研修や教材研究等に活用している。午後の活用方法に関しては、学校ごとに創意工夫を凝らしている。

　「40分授業午前５時間制」のもう一つのねらいは、カリキュラム・オーバー

ロードによる教員の多忙化への対応、働き方改革に向けての提案である。教員にも生活がある。無理なく無駄なく教育活動に専念した上で、心にゆとりのある生活を送り、子ども一人一人の学力向上、よりよい成長を実現したいものである。この「40分授業午前５時間制」が子どもや教員にどのような効果をもたらすのか。本稿を通して共に考えたい。

2　区内共通の「グランドデザインの書式」

　公立学校には人事異動がある。目黒区のように生み出された時間の活用により各校が特色をもてばもつほど、異動してきた教員がその学校の考え方や特色を理解し実践していく上で時間と労力を要する。

　運営指導委員として、まず始めに提案したのは「グランドデザインの書式」の統一である。筆者がモデル事例を複数示し、教育委員会と校長会で共通の書式を作成することとなった。資料は2023年度の中根小学校（部分）のものであるが、「児童と教員の実態」「校長の経営方針」「目指す児童像」「PDCAサイクルの各プロセスの具体的な取組み」「午前５時間制１単位40分授業を生かすPDCA」「週時程表」「各学年の週当たりのコマ数」「各学年の時数内訳」の各

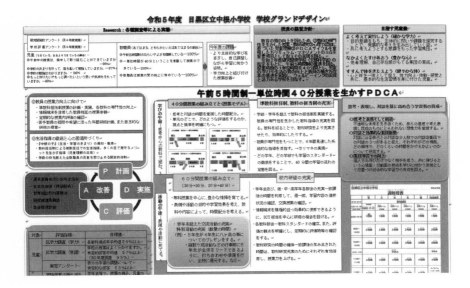

項目が、17校のグランドデザインのほぼ同じ位置に記載されている。第三者の筆者にも、生み出された時間を有効活用し、各校とも特色ある教育活動を展開している様子が理解できる。

3　「研究開発学校の日」における全学校公開

　目黒区には「研究開発学校の日」が年に3回ある。「40分授業午前5時間制」を導入している学校の授業公開日である。例えば、2022年度（15校実施）においては、1回目（7月）に4校、2回目（9月）に5校、3回目（11月）に残り6校が公開した。互いの取組みを理解し合うとともに、各校の授業力と学校力、教育課程開発力の向上に寄与し、区全体の教育力向上につながる。

　筆者は2022年度の1回目において、中根小を訪問する予定であったが、新型コロナの影響からオンライン参加となった。当日の参加者総数は約250名である。同小の6つの授業の指導案を事前に送っていただいた。1年から6年までの英語、算数、社会科、理科、道徳、国語の指導案は、単元計画の記載が不要な道徳を除きこれらも区内で統一されていた。「対象」「児童数」「授業者」「場所」「単元名」「単元の目標」「単元の評価規準」までは一般的であるが、その後に、「単元デザインのポイント」と「40分の授業デザインのポイント」が書かれている。単元全体を通して、あるいは40分授業の中でどのように工夫することで学習効果を上げていくのかが具体的に示されている。

　各地の教育委員会と仕事をするたびに、学習指導案の形式を揃えることを奨励している。同一書式の方がお互いの理解を得やすいし、また、これまで作成した指導案を異動先に合わせて修正するという無駄なことをしなくて済む。目黒区では、この指導案の書式も統一している。このことも働き方改革につながる方策の一つと考える。

4　1単位時間の指導の改善と充実

　40分授業づくりのポイントをワーキンググループ授業改善部会は以下のように示している（2022年度研究開発学校実施報告書、pp.7-8）。

(1)「学び方を学ぶ」場面の設定

　各教科等の見方・考えを働かせている姿をイメージし、教師がそれを見取り価値付けたり、問題解決的な学習を進めるための「学び方」のポイントをおさえて、「学び方を学ぶ」ことができるように授業をデザインする。

(2)ICTの効果的な活用

　自分の考えを学級全体で共有したり、資料作成時に共同編集する場面などで活用する。ICT活用により創出された時間を使って、調べ活動や体験活動、話し合い活動の時間を確保する。

(3)環境の整備

　体育科や図画工作科など活動場面が多い教科では、配置を工夫したり、時間割等を工夫することで、各授業における準備や片付けを効率的に行えるようにする。

　40分授業だからといって特別な手立てはない。45分授業を行う上でも必要不可欠なものが多い。5分間短い中で同等あるいはそれ以上の教育効果を上げたいという思いが、授業の工夫・改善意識を強めている。「どこをどう削るか。どう工夫するか」は授業の本質を問い直す有効な問いである。

5　「40分授業午前5時間制」のもう1つの成果

　「1単位時間40分授業・午前5時間制」により生み出された時間（例えば、4年生以上で40分×120コマ）を活用し、各校がユニークかつ有効な取組みを行っている。その一部を紹介する。

(1)個別学習・個別指導の時間の確保

　上目黒小の「わくわくタイム」（学力の定着：週3回各20分）と「スーパーわくわくタイム」（学力の底上げ：週1回40分）は個別指導の時間である。通常の授業をどんなに工夫しても理解や習熟には個人差が発生する。その日その週の内での対処は、特に学習遅滞児には有効である。

　烏森小は「自学の力」の育成を図っている。週4日（1～3年は20分、4～6年は30分）、「学習タイム」を設定し、教科や内容、方法を自由に選択させ、端末活用も可とし、必要に応じて教師が相談や支援を行う。

　向原小の「自己調整力・非認知能力」の育成を目指す「チャレンジタイム」（学習計画を立てる→学習内容・方法を選択する→振り返る）も同様の取組みである。月光原小の「学習タイム」も同様の取組みであり、週1回の「放課後個別指導」もノー会議デーとして全校一斉で実施している。

　田道小の各児童が週予定を作成し、学習の計画・実践・振り返り等、自己調整を図りながら進める「自学の時間」（全学年：週9コマ計3時間15分）も個別最適化の好事例である。

　次項とも関連するが、子ども自身が自己の学び（各教科等の理解の状況や各教科等から生まれた興味関心）を踏まえて、学習計画を立てて実施・評価していくことは、学校教育の究極の目的である「主体的な学び手」を育てていく上で大切なことである。

(2)学習計画と振り返りの時間の確保

　駒場小は「自己認知力・自己調整力」の育成を目指し、「プランニング」の時間を設定している。月曜朝の10分間は1週間の学習や生活の見通しをもたせ、金曜の帰りの会の後の10分間は1週間の振り返りと翌週の見通しをもたせる機会としている。「プランニングシート」に書かせて、いつでも見て確認することができる。成果として「先々のことに興味をもつようになった」「何をするかを担任に聞かなくなった」等を挙げている。

　中目黒小の「マイプラン」（月曜日の朝：3年生以上）と金曜日の6校時の「リフレクション」（3年生以上）や鷹番小の「鷹番タイム」（月曜日1校時・金曜日の5校時または6校時）も同様の取組みである。

　いずれもカリキュラム・マネジメントの究極の姿である「子ども一人一人の自己の学びのカリキュラム・マネジメント」[1]につながる好事例である。

(3)教員研修や教材研究の充実

　烏森小は月曜日の下校後は、会議を入れずに教材研究・授業準備に充てている。向原小も「働きやすい環境づくり」を目指し、会議削減を図り、金曜日に

はフリータイム（14時30分から２時間）を確保している。また、若手教員を中心にミニ研修の時間（20分間）を設定している。

　鷹番小では、「スキルアップタイム」（校内の教員を講師とした学び合い：週１回）、「アセスメントタイム」（支援を要する児童の実態把握と支援方法の共有：週１回）、「コンテンツタイム」（教育活動や子どもの様子の協議：週１回、学年ごと）と多様な研修の機会を確保している。「学年主任から助言を得られる」「学習進度が合わせられる」と好評である。中根小の「学年会」（毎週木曜日）では、週案作成と進捗状況の確認、週案簿と一体型の振り返り記録を行い、学年単位で定期的にPDCAサイクルを回している。両者とも「学年のカリキュラム・マネジメント」の好例である。

６　学力調査や各種アンケートから見えてきたこと

　「40分授業午前５時間制」の取組みにおいて、一般的に懸念されることがいくつかある。全国学力・学習状況調査等の結果から、検討する。

(1)「主体的・対話的で深い学び」の保障

　５分短いことで授業を急ぐあまり、「主体的・対話的で深い学び」が確保できないのではと考えられる。2022年度の都の調査（５年生対象）では、項目「授業では、他の教科の授業の学習内容を生かして考える時間があると思う」に関する肯定的回答は15校中、項目「他の人と考えを交流しながら、課題を解決する活動を行っていると思う」は12校が、項目「授業では自分が理解したことや考えたことを他の人や先生に説明する時間があると思う」は15校全てが、都の平均を上回っている。40分授業であっても「主体的・対話的で深い学び」および「教科等横断的な学び」が実現できていることがわかる。

(2)学力保障

　学力面も気になるところである。2022年度の全国学力・学習調査の結果から、15校中14校が国語科および算数科の平均が全国平均を上回っており、１校が同程度である。40分授業であっても国語と算数に限定したデータではあるが十分に定着していることがわかる。

⑶主観的ウェルビーイングへの影響

　自己の感情や行動を統制する力やよりよい生活や人間関係を自ら構築していく力などは、ウェルビーイング向上に関わるものである。

　全国学力・学習状況調査の「①自分にはよいところがあると思いますか」「②自分でやると決めたことは、やり遂げるようにしていますか」「③人が困っているときは、進んで助けていますか」「④友達と協力するのは楽しいと思いますか」「⑤地域や社会をよくするために何をすべきかを考えることがありますか」が関連する項目である。

　どの項目も、学校間格差は若干みられるものの、肯定的な回答が全国平均または同程度である。②に関しては、全国平均を上回っている学校が多い。5⑵で述べた「振り返り活動」の効果と考えられる。一方、⑤に関しては全国平均の学校が多く、区全体の課題としている。社会貢献的な総合的な学習の時間[2]の考えや方法を今後提案していきたいと考える。

　また、保護者に対するアンケートでは、午前中5時間制による給食時間の遅れ（約10分）を考慮して、朝食を毎日食べさせている家庭（「当てはまる」と回答）が94％あり、全国平均を10パーセント程度上回っている。この点も、子どものウェルビーイングに関わる成果と言える。

⑷中学校での適応

　小学校において40分授業を経験した児童の中学校における50分授業への適応状況も気になるところである。小学校で40分授業と45分授業を経験した生徒が所属する区立中学校1年生115名（回答）に調査を行っている。その内の80名が40分授業午前5時間制の小学校からの入学者である。2023年7月の行った調査の結果（一部）を紹介する。

　「時間を守って行動している」「予定を立てて行動している」に関する肯定的評価は40分授業群の方が10ポイントほど高かった。自由記述にもあるが「チャイム着席をやっていたので中学校の1分前着席にすぐに慣れた」「時間を守ることをたたき込まれたため時間を守って行動できる」など「タイムマネジメント力」が定着している。「学習のめあてを意識して取り組んでいる」は20ポイント程度高く、授業導入時の「めあて」の確認が定着している。「様々な学年の人と関わろうとしている」の肯定的回答は20ポイント程度高く、放課後を

用いた縦割り活動の成果と考えられる。

　50分授業への適応に関しては、40分出身校の生徒は、始めの1、2週間は少し戸惑いを感じているが、1か月程度で慣れ、むしろ45分出身校の生徒よりも適応している（7ポイントの差）。

⑸ 教員の働き方改革への効果

　目黒区の研究開発の目的の1つは「教員一人一人の裁量時間の確保」による資質向上と働き方改革の推進である。筆者の長年の研究開発学校企画評価委員の経験では、研究開発学校の教員は勤務時間が長くなる傾向がある。目黒区の場合はどうなのか。目黒区では、本研究実施以来、出退勤時刻を把握している。その結果によると、例えば、中根小においては、2021年度と2022年度を比べて、月当たりの在校時間が4時間短縮されている。

　また、教員公募面接における「目黒区希望の理由」に関しては、「より質の高い授業研究や、良い学年・学級経営ができる」「生み出した時間の有効活用を構築したい」「子育てしやすい環境である」など40分授業午前5時間制に魅力を感じている教員が多い。

（甲南女子大学教授　村川雅弘）

【注】

1　村川雅弘編『学力向上・授業改善・学校改革　カリマネ100の処方』教育開発研究所、2018年、pp.12-18
2　村川雅弘著『子どもと教師の未来を拓く総合戦略55』教育開発研究所、2021年、pp.145-170

● 事例9 ●

プロジェクト学習を通じた可能性の探究

生徒の幸福感と達成感を創出する学習プログラムの開発

兵庫県立農業高等学校

1　産業教育と教科「農業」を通じた学び

　教科「農業」を高校での学びに取り入れる農業高校は、学校の敷地や施設そのものが既に教材であり、生徒たちはここで息づく動物や作物とともに3年間をかけて成長していく。作物を育てる化学肥料のほぼ全てが海外からの輸入に頼っている。肥料袋に書かれている注意書きは英語で、配合は化学の知識が必要になり、施用するには適切な濃度を求める計算が必要である。作業を単純化することは簡単である。マニュアル化すればよい。しかしここには問題がある。ただマニュアルに従うだけでは理解を深めることにならない。その意味を把握させ、本質を捉えることで改善や対処が可能になる。言い換えれば本質を捉えていなければ、危機に対応する強靭さを備えた社会を構築する思考は困難となるだろう。このためにも横断的な視点に立った資質や能力の育成は欠かせない。これは現代社会の様々な場面で共通する課題ではないだろうか。

(1)社会との関わりを背景とした学習プログラムの開発に向けて

　このような背景から、農業を科学の視点で捉えると見えてくるものがある。どうすれば作物を多く収穫できるのか、どうすれば牛肉の品質を向上できるのか、どうすれば人を感動させられる花束を作ることができるのか。量的・質的・心的な産物、これらには全て理由があり、そこには何らかの方法で導かれる数値が隠されている。つまり農業は、農産物という安心・安全で、豊かな社会を築くための「応用科学」であると私は考えている。その日、明日、食べることに不安を感じない社会の実現は、個人を取り巻く場や地域、社会が持続的に良い状態であるための前提条件になる。そこで、生徒たちが社会に目を向け、体験を通じた探究的な学びが達成感や幸福感へと誘われ、さらには新しい

162

価値を創り出す創造力や、他者と協働しチームで問題を解決するといった能力を備えた人材育成に効果的であるという視点で実践事例を紹介する。学校での学びを深める実践活動は、ホームルームや課外活動も含めて様々な場面で設定でき、高校では「課題研究」や「総合的な探究の時間」などの「プロジェクト学習」がイメージしやすい。これらの指導にあたる際、実現性や予想される結果を生徒よりも先に想像してしまい、「その研究テーマは難しいと思うので考え直したほうがいい」という否定的なアドバイスをしがちである。そもそも私たちが想像もできないような事態が毎日のように報道される昨今、可能性の全てを不可能であると証明する方がはるかに難しい。反対に可能であるという証明はたった一つの方法を発見すればいい。

⑵「先生、世界一美味しいトマトを育てる方法を研究したいです！」

　その生徒は突然声をかけてきた。世界と言わず県内には極めて高い品質のトマトを生産し、農林水産大臣賞を受賞した生産者もいる。そんな中で世界一を目指す研究とは、いささか難易度が高いと感じる。おそらくこの生徒にとって、現在自分が口にするトマトには改善や研究の余地があり、自分でも取り組むことができる可能性を感じたのだろう。「まず、自分が美味しいと確信できるトマトを育ててみよう」と指導した。「美味しい」の定義は多様であることに気付き、「美味しさ」の要素は味覚だけではないことに、自分で絞ったトマトジュースを飲んでみて確信した。そこから「美味しさ」という感覚的なものを、客観的に把握する方法の試行錯誤は始まった。最初は栽培条件の異なる果実を生徒たちは食味検査の後でアンケート調査をしていた。これはよくある方法だ。クラスメイトも最初の３個くらいは高評価だったが、食欲旺盛な高校生といえ６個目くらいから極端に評価が下がってくる。アンケート調査は客観的に見えて、実は条件によりデータが変動することに生徒たちは程なく気付いた。「美味しさ」の要素を分解し、共有化できる情報に変換できる要素は何か、学校で実現可能な方法は何か、自分たちで工夫できることは何か。この問いに対して、面白いと感じたのか数日後、自作の計測装置を実験台の上に数台並べていた。それは家庭によくあるもので実現可能な装置であった。キッチンスケールの上にダブルクリップで挟まれた幅１cm程のプラスチック板が直立して立てられている。

リン酸肥料成分の解析をしています

「トマトジュースよりも本物の果実の方が美味しく感じます」

「ジュースと果実は原材料が同じなら成分も同じであると仮定しました」

「では、あなたが考える美味しさの要素の一つとは何だと考える？」

「食感です。これを今から共有化できる情報に変換します」

　そう言って数人のクラスメイトはキッチンスケールの前に座り、０ｇと表示された液晶を集中して見入っていた。生徒たちは栽培条件が異なるものの外見は同じトマトの果実を手に取った。そしてゆっくりキッチンスケールの上で垂直に立つプラスチック板に、上からゆっくり押し付けていった。液晶の表示はどんどん上がっていき、ある瞬間トマトに突き刺さった後で再び０ｇを表示した。「72.3ｇ！」クラスメイトの一人が、その瞬間を私は見逃さなかったと言わんばかりに読み上げた。

　「美味しさの大切な要素の一つは食感だと考え、この装置で数値化します」

　「キッチンスケールに立ったプラスチック板は前歯に見立てています」

　繰り返し実験を続けた結果、外見は同じに見えるトマトも栽培条件によって数値に統計的な有意差が検出できた。歯ごたえの違いを数値で共有化できた瞬間であった。この後、この生徒たちは、土壌中のリン酸の代謝に特定の微生物が関与していることを証明し、果実品質の向上を実現するとともに、農業現場で課題となっている果実の廃棄率低減に結び付く栽培方法を考案した。一連の実験結果は全国規模での研究発表に発展し、その成果は農林水産大臣賞を受賞した。美味しいトマトを育てたいという素朴な動機は、探究心を通じて生徒たちの自尊感情や社会への自己効力感を高めることで、実験三昧の高校生活に幸福感をもたらした。そして現在、この生徒は私の同僚となって４年目である。今日も私の声の届かない遠くの高校で、自分がそうであったように生徒たちの

素朴な動機に真摯に向き合っている。

(3)生徒の達成感や充実感を高める工夫

　次に、生徒ではなく先生という立場で考えてみる。教育実践の現場では想定できないような突発的な出来事もある。処理しきれない仕事量になることもある。それは仕事内容が複雑かつ多様であり、毎日の仕事量を平準化しにくい側面を潜在的に抱えているためでもある。そんな中で学校が先生にとって安心して職務に取り組み、達成感や充実感を高める場となるためにはどのような工夫が必要だろう。その一つはチームで取り組むための機能する仕組みが必要ではないか。これは校務分掌という意味に留まらず、文字通り教職員で構成される機能的なチームである。生徒たちにとっての観察しやすい親以外の「大人」として、先生たちが達成感や充実感を得ながら自らを高める場としての学校が存在するなら、そんな「大人」に成長するのも悪くないと「子ども」たちは肯定的に感じられるはずである。この実現は科目「課題研究」のアプローチに似ている。私はテーマ設定の指導をする際に、面白そうだから、やってみたいから、興味があるからという自分中心の発想と併行して、世の中が必要としているから、地球環境が必要としているから、地域が、誰かが、といった社会中心の発想をリンクさせて考えさせるよう心掛けている。そして生徒にも先生にも必要な課題解決の視点として、「〜が悪いから駄目なんだ」といった社会や他者への批判が課題解決のための結論とならないように注意しなければならない。でなければ多くの場合そこで思考停止となる。よりよい社会の実現に向けて、学びを通じて成長し続ける自分にできること、自分でもできること、自分だからできることを考え、実践に結び付ける必要がある。

2　可能性を探究する学びの実践

(1)「先生、『しょくいく』って『食べる』だけじゃないですよね」

　昼休み、職員室の前に一人の生徒が企画書のようなものを持って待っていた。提案してきた内容は、食育についての取組みだった。「3つのSYOKU」と書かれたタイトルと三角形の相関図が書かれていた。
　「植物の成長から感じ取る『植育』や、子どもたちが植物に触れて感じる

『触育』もあるんじゃないかと思ったんです」

　食品偽装や異物混入などの社会問題も深刻化し、食育についてもメディアでも取り上げられることの多い頃であった。この提案を面白いと感じた。素朴な発想を、実現可能な取組みに発展させた。アレルゲンとならない植物で、手触りがビロード状の葉や多肉質の葉など、様々な種類の植物を生徒たちは育てた。幼児教育に向き合っている先生方からは「野山の自然に触れさせたくても、安全のことを考えると難しいことが多いです」「植物や生き物が育っていく様子を感じさせるため、園内にビオトープを設置しましたが維持できません」といった意見も聞かれた。試行錯誤の結果、考案したのはミカン箱くらいで通気性のあるプラスチックコンテナを器とした。この中に性質の異なる特性の土を多層化するというアイデアで実現した、通称「水平多層培養土コンテナ」であった。これなら性質の異なる様々な植物が寄せ植えできる。幾つものバリエーションを制作して幼稚園での実践を続けた。徐々に協力していただける幼稚園や行政機関も増えていった。成果は実感できたが、理解するためには定量化する方法を検討する必要があった。なぜなら園児にアンケート調査を行っても先に述べた理由で、精度の高い分析結果を得ることは困難である。そこで生徒たちが考案した定量化の方法はこのようなものだった。まず幼稚園にコンテナを持ち込んで暫く観察や説明をしている様子を一定時間ビデオで録画しておく。この後、本来の目的の一つ「触育」を実践していく。園児たちが葉を触ったり、時には引っこ抜いたりして触れている様子を同じ時間ビデオ録画

したものと比較した。この際に子どもたちが発する単語や「ツルツル」「ザラザラ」など擬音の種類、単語数を分析した。手で植物に触れた子どもたちから発せられる驚きを含んだ言葉は飛躍的に変化し、その数値は2.7倍に増加した。これは手から伝わる感触が、感性を拡大するのに有効な手

畑の健康状態を分析

段であり、植物が子どもたちを育てることを高校生が定量的に証明した。一連の成果は多くの研究発表の場をお借りして紹介することができた。遠くに行くことも多く、生徒は自分たちのことを『SYOKU育出張隊』と呼んでいた。私が印象に残っているのは、この生徒が大きな会場で発表するプレゼンの場面でよく語っていた一つのフレーズである。それは「私たちにできること、私たちでもできること、私たちだからできること」。それ以来、私はよくこのフレーズを拝借している。昼休みに突然提案を持ちかけ、学びのきっかけをつくったたこの生徒は卒業後、フラワーアレンジメントの大会やガーデニングのコンテストで、グランプリを始めとした数々の賞を獲得していった。今では先に述べた生徒とはまた異なる高校で、多種多様な草花を変幻自在に教材として活用し、私では実現できないような教育実践を重ねている。

(2)「先生、そんな研究を高校生でもできるんですか？」

　ここまで紹介した事例は、何れも主体的に目的意識をもった生徒たちの提案から始まった。しかしそんな生徒たちばかりとは限らない。そこで私は3つの視点で興味の対象を設定させようとしている。1つが俯瞰的なマクロの視点「バイオマス探究」で、もう1つがここまでに紹介した作物の視点「植物探究」、そして最後の1つがミクロの視点「微生物探究」である。スケールの異なる視点で多様な探究の対象を設定することで、全ての生徒が「面白い！」と口から零れる教室を創出するため、新しいテーマを生徒と先生のチームで検討している。

　「次は何をしようか。先生と一緒に世界に通用する日本酒でも造ろうか」

　「先生、高校生にお酒づくりなんか無理です。校則違反じゃないですか？」

　生徒たちはできない理由を次々に分析してきた。こ

高校生による新たな日本酒の醸造

のときは何時にも増して、社会規範や校則を尊重するとても厳格な生徒たちに見えた。

　「確かにお酒は飲めないけど、醸造することはきっと無理じゃないぞ」

　兵庫県は東灘をはじめとした日本酒醸造が伝統産業として栄えてきた。醸造を農業高校では微生物の発酵という視点で教えている。通常の日本酒醸造は日本全国「協会酵母」というものが用いられる。この生徒たちとは新しい可能性を求めて野生酵母を使うこととした。私は山岳部の顧問でもあるので、生徒たちと一緒に山登りをして野山に存在する酵母から、世の中の役に立つものを見つけようと提案した。この結果、137系統の野生酵母を獲得でき、日本酒醸造に利用できる優れた特性の酵母も発見できた。そんな中、地元の小さな酒蔵は次々に廃業となり、最後の一軒となった酒蔵で長期間のインターン実習が実現した。この酵母は特別な香りや風味を発生するものだった。大手の酒造会社も協力していただけるようになり、遺伝子解析の結果「協会酵母」にない醸造特性を備えた優秀な酵母であることがわかった。生徒たちは多くの醸造技術を学び「県農　花てがみ」という日本酒を生産することに成功した。地元の小さな酒蔵での取組みは現在まで10年間継続し、世界ワイン大会で審査員奨励賞を受賞、一昨年からは海外への出荷も開始されている。成人式の後に卒業生たちが開催する同窓会では、私が保管しておいた「県農　花てがみ」の開封をするのがちょっとした儀式となっている。野山を歩き見つけ出した酵母には、醸造以外にもバイオ燃料を効率的に生産できるものも副産物として見つかった。スタートは主体的ではなかったが、面白そうだからと便乗した生徒たちはプレゼンテーションによる研究発表も続けた。ミクロの視点で開始した一連の取組みは研究発表の機会を得て、本人たちも予想していなかった文部科学大臣賞を受賞した。取組みを牽引した生徒は自分の探究心を確かめるように、現在は後期博士課程の2年生として国際学会で発表を行うまでに成長した。

3　楽しい学校・面白い教室

　ここまで教科「農業」を高校での学びに取り入れる農業高校での事例を紹介させていただいた。校種や状況の違いで参考にならないことが多いかもしれない。私が紹介したかったのは「どんなことに取り組ませて、どんな成果があっ

畑には面白い謎がいっぱい

たか」ではなく「どのように取り組ませて、どんな成長があったか」に他ならない。何れの事例も探究的な学びの原動力は「面白い」と感じる心であった。私は指導の場面で、「楽しい」と感じる心と「面白い」と感じる心は明確に異なると伝えている。「楽しい」はレジャーのような一過性のもの、「面白い」はさらに知りたくなる探究心から導かれる感情。生徒たちと一緒に「これは面白い！」と言葉に出し合える教室は、おそらく幸福感に満ちている。私たち教師は劇的に変化し続ける子どもたちの瞬間に立ち会っている。ともすれば毎日の校務に追われ、余裕のない心はこの変化に気付けない。ましてや子どもたち自身は内面の変化に適切に向き合えるとは限らない。そんな時、成長し続ける不完全な存在の一人である教師が、授業の中で淡々と解説した内容が子どもたちの希望となることがある。そんな学習プログラムを通じて学びの達成感や幸福感、充足感が生徒たちの中で実感できたときプロジェクト学習は完結する。

（教諭　今村耕平）

● 事例10 ●

キャリア教育を柱とした
カリキュラム・マネジメントの推進

ウェルビーイングな学校づくりを目指す教育委員会の取組み

福島県棚倉町教育委員会

1　ウェルビーイングを目指すキャリア教育

　「小学校学習指導要領第1章総則　第4　児童の発達の支援　1児童の発達を支える指導の充実」の(3)には、次のように示されている（中学校・高校学校は同様の趣旨に、さらに「進路指導」が加えられている）。

> (3)児童が、学ぶことと自己の将来とのつながりを見通しながら、社会的・職業的自立に向けて必要な基盤となる資質・能力を身に付けていくことができるよう、特別活動を要としつつ各教科等の特質に応じて、キャリア教育の充実を図ること。

　総則に示されたので、教育課程全体で取り組む必要がある。

　「ウェルビーイング」とは、「多様な個人が幸せや生きがいを感じるともに、地域社会でもそれを感じられる状態」と捉えた。「キャリア」とは、「社会の中で果たす役割や自分らしい生き方の連なりや積み重ね（2011年中教審答申）」であり、キャリア教育とは、過去も現在も将来も子どもたちの「ウェルビーイング」を目指す教育であると考える。キャリア教育はカリキュラム・マネジメントと相性がよい。

　本稿では、キャリア教育を推進するカリキュラム・マネジメントにおいて、子どもの過去を大切にして、今の学びを将来につなぐための取組みについて述べる（写真は、小学生の職業体験「チャレキッズ」での活動）。

2　キャリア教育に取り組むためのリーフレットの作成

　本町出身の教職員は少なく、赴任しても３年程度で他地区へ異動していくケースが多い。そこで、本町に新たに赴任した教員に向けて、本町のキャリア教育を理解するためのリーフレットを作成した。

　キャリア教育の特質を「つなぐ教育」「自分で考え決める教育」「対話で育む肯定感と有用感」「課題解決型の体験活動の設定」「肯定的に関わる教育」の５つにまとめ、わかりやすく解説したものである。

　特に、本町においてキャリア教育を進める上で、特色のある

点や理解の難しいところを取り上げている。キャリア教育と言えば、職業体験活動等のイベント型や、キャリア・パスポートの作りっ放しに陥ることが多いが、そうしてはならない。そこで、リーフレットをもとに、実践しながら「キャリア・パスポート」を活用できるように配慮したのである。

(1)つなぐ教育

　キャリア教育では、校種をつないで社会的・職業的自立に必要な基盤となる資質・能力（2011年中教審答申では、「基礎的・汎用的能力」と呼んでいる）を育成するところに特色がある。

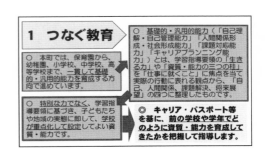

　「基礎的・汎用的能力」は、「生きる力」や「資質・能力の三つの柱」を将来職業に就くことに焦点を当てて整理したもので、特別な力ではない。

⑵自分で考え決める教育

　「ウェルビーイング」の観点からは、日常の学び方から将来の夢や志まで、個人的でも社会的な観点でも目標を自分で考え決めるということが大切になる。

　そのために、従来のPDCAの「Ｐ：計画」を細分化し、「Ｒ：

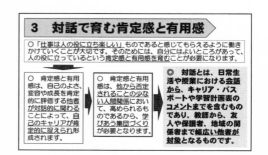

自分を知り、Ｖ：目標を作り、Ｐ：計画を立てる」ということを重視した「自己マネジメント力（RVPDCA）」の育成を目指し、あらゆる機会で自分が決めることを大切にしている。

⑶対話で育む肯定感と有用感

　現行学習指導要領では、「主体的・対話的で深い学び」「ガイダンスとカウンセリング」「見通しと振り返り」などが示され、「対話」が重視されている。

　キャリア教育では、対話的な関わりによって、過去や現在の学びにおける肯定感や有用感を高め、それを将来の目標設定につなげることを大切にしたい。「キャリア・パスポート」は、対話のためのツールとして活用することで、本来の機能を発揮する。

⑷課題解決型の体験活動の設定

　本町では、町内の小学校５・６年生全員に、チャレキッズ（小学生の職業体

験活動）を実施している。当初は、夏季休業中に教育課程外で実施していた。現在では、教育課程に位置付け、8月下旬に実施している。

　解決すべき課題をもって体験活動に参加すると、主体的に取り組むことができ、得るものも多い。事前学習で課題をもたせ、事後学習では体験の表現と共有が重要である。やらせっ放しは、教育的には効果がない。

(5)肯定的に関わる教育

　キャリア教育に取り組んで得た成果として、肯定的な関わりは最も重要なことである。(3)と併せて、「対話的・肯定的な関わり」として実践されている。

　このことは、キャリア・カウンセリングの手法を生かして、

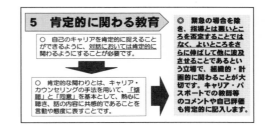

「価値付け、つなぎ、語らせる」として定式化されている。後ほど詳述したい。

3　『カリキュラム・マネジメントの手引き』の作成

　本町では、令和3・4年度文部科学省委託事業「これからの時代に求められる資質・能力を育むためのカリキュラム・マネジメントの在り方に関する調査研究」に取り組んだ。その成果をまとめたものが、『カリキュラム・マネジメントの手引き』（以下、『手引き』）である。

　実践校の成果から、資質・能力を育む上で効果があったと思われる取組みを8つの手法としてまとめ、実践校の取組みと併せて掲載した小冊子である。本町の教職員には、一人

1冊ずつ配付した。校長のリーダーシップの下で活用し、キャリア教育を推進している。

4　『カリキュラム・マネジメントの手引き』の活用

　『手引き』では、実践をもとに資質・能力を育成する観点から、育てたい資質・能力の設定、子どもへの意識化、ほめポイントによる具体化、学びの姿の共有化などを解説している。手元に置いて日々の実践を通して活用することを目指した。本稿では特に、「資質・能力の評価サイクル」「レバレッジポイント」「肯定的・対話的な関わり」について詳述する。

⑴資質・能力の評価サイクル

　資質・能力ベースの教育課程では、育てたい資質・能力を教師が設定し、児童に意識化させ、具体化して指導し、教師・児童・保護者・地域等で共有することが大切である。

　資質・能力の評価サイクルは、学期と切り離して設定できる。3か月ごとに資質・能力を評価する取組みを「四半期制」と呼ぶ。

　もともと町内の小学校では、2学期制を採用していた。資質・能力を育成するに当たって、その期間を半分の3か月にしたところ、資質・能力を意識しやすくなり、評価および教科等横断的な指導が効果的に行われたのである。四半期の計画は、横（期間3か月）でも縦（教科等横断的）でも検討しやすく、第2四半期（7月〜9月）には夏季休業を含め指導できるよさがある。

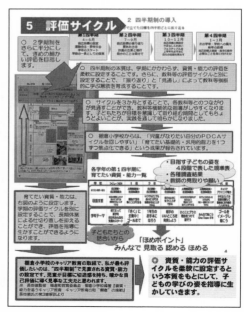

(2)レバレッジポイント

　次に、調査研究の過程では、「レバレッジポイント」について学んだ。

　カリキュラム・マネジメントは、システム思考なので、「ある要素に手を加えたら他の要素まで望ましい変化が現れる」ポイントがある（田村ほか2020）。

　本町の場合には、「資質・能力が身に付いた子どもの学びの姿で共有し発信する」ことがレバレッジポイントであると捉えた。

　子どもの学びの姿を意識し、教師も子どもも常に振り返ることで、研究のための研究にならず、三者面談や通知表の所見、指導要録の記入まで一貫して活用でき、働き方改革にも対応できる。

　また、毎日の授業においても、子どもの学びの姿を把握す

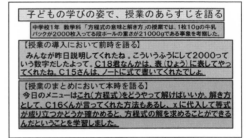

ることは重要である。教育委員会としては、上のような事例を取り上げて、授業の導入において前時を振り返る際に、教師が子どもの学びの姿を交えて振り返ることを勧めている。終末においても同様に本時を振り返る。

　しかし、子どもの学びの姿で発信・共有するために、教師が子どもの学びを日常的、組織的、肯定的に見取る力を高めることが課題となっている。

(3)肯定的・対話的な関わり

　先に述べたように、キャリア教育では、肯定的・対話的な関わりによって、過去や現在の学びにおける肯定感や有用感を高め、それを将来の目標設定につなげていく。

　我々は、キャリア・カウンセリングから発想し、児童生徒のよさを価値付けながら、それらをつないで自覚していない自己のよさや成長に気付かせ、それらを語らせることで新たな目標を見つけていくことを重視している。授業実践をもとに、教育委員会として、肯定的に関わるための6事項と、価値付けるための16の技法を提案した（棚倉町教育委員会ほか2023）。

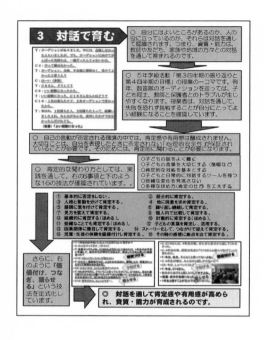

　さらに、それらをもとに、「価値付け、つなぎ、語らせる」という技法を定式化した。教師は、育てたい資質・能力に基づき、日々の教育活動において、児童生徒の言動を価値付けていく。そして、価値付けたエピソードをつないで、個や集団の変容や成長に気付かせ、表現することで資質・能力の向上を自覚させるのである（棚倉町教育委員会ほか2023）。

　現在では、価値付けたエピソードのつなぎ方として、次に紹介する4点を提案し、実践を通して検証しているところである。

5　「価値付け・つなぎ・語らせる」

　現行学習指導要領に学級活動(3)の内容が新設され、「振り返って、見通し」をもつ授業を実施している。「第□四半期の振り返りと、第○四半期の目標設定」の授業である。「価値付け、つなぎ、語らせる」はそこで用いる。

これは、キャリア・カウンセリングの方法を取り入れたもので、「学ぶ意味」を自らが見出すための対話技法である。児童に育てたい資質・能力が設定され、児童に意識され、その成果を本人、学校、家庭等で共有することを前提にしている。

右図は棚倉小学校4年生の3学年を振り返り、「第1四半期のめあてをつくろう」の一コマである。実際の授業では、このように「価値付ける」と「つなぐ」「語らせる」が順序不同で現れる。

・T：これ（写真）は、C3くんが発表しているところです。
・C：全員C3くんの方向いてる。　語らせる
・T：最初は、それできてた？　つなげる
・C：できなかった。
・C：注意されてた。　語らせる
・C：鉛筆とか、手あそびしたり、どっか向いてた。
・T：これってどんな力？C9くん？
・C9：話す人の方を向いて聞く力。　価値付ける
・T：話す人の方を向いて聞く力もついたよね。

キャリアカウンセリング（つなぐ）
①児童の自己理解と教師の児童理解をつなぐ
②因果関係をつなぐ
③時間や場面を越えた児童の成長をつなぐ
④児童の多様な見方をつなぐ
教師は、「無知の姿勢（子どもから学ぶ）」で児童の自己理解と自分の児童理解をつなぎ、価値付けたエピソードの因果関係を明らかにし、時間や場面を超えた児童の成長やエピソードについての集団間での多様な見方をつないでいく。

価値付けたエピソードのつなぎ方は、現在のところ上図の通り①〜④の4つが提案されている。教師が過去のエピソードをつなぎ、「子どものキャリアの『伴走者』として、また子ども同士の協働的な学びの『伴奏者』として」（京免徹雄2023）資質・能力を育む。「価値付け、つなぎ、語らせる」ことで、児童の肯定感や有用感が高まり、学校の「ウェルビーイング」が実現できる。

（教育長　荒川文雄）

【参考・引用文献】

・京免徹雄「子どもと社会のウェルビーイングに向けた『ともに歩む』キャリア教育」月刊『兵庫教育』2月号、2023年、pp.4-7
・長田　徹監修、棚倉町教育委員会・棚倉小学校著『資質・能力を追うキャリア教育　キャリア教育の町“棚倉”の挑戦』実業之日本社、2023年
・村川雅弘・吉富芳正・田村知子・泰山　裕編著『教育委員会・学校管理職のためのカリキュラム・マネジメント実現への戦略と実践』ぎょうせい、2020年

編著者紹介

田村知子（たむら・ともこ）　大阪教育大学大学院連合教職実践研究科教授
九州大学大学院人間環境学府博士課程単位取得退学。博士（教育学）。中村学園大学准教授、岐阜大学大学院准教授等を経て現職。専門はカリキュラムマネジメント、教員研修、学校経営。日本カリキュラム学会（理事）、日本教育経営学会、日本教育工学会などに所属。中央教育審議会臨時委員、文部科学省「カリキュラム・マネジメント・アドバイザー」、教職員支援機構中央研修講師などを歴任。単著に『カリキュラムマネジメントの理論と実践』（日本標準）、編著に『実践・カリキュラムマネジメント』（ぎょうせい）など。

村川雅弘（むらかわ・まさひろ）　甲南女子大学教授・鳴門教育大学名誉教授
大阪大学人間科学部大学院博士課程を就職中退。鳴門教育大学大学院教授等を経て現職。専門はカリキュラム開発、総合的な学習、教員研修等。日本カリキュラム学会（理事）、日本教育支援協働学会（理事）、日本生活科・総合的な学習教育学会などに所属。文部科学省の中央教育審議会専門部会委員、研究開発学校企画評価委員、カリキュラム・マネジメント・アドバイザー、教職員支援機構の中央研修講師などを歴任。著書は『学びを起こす授業改革』『カリキュラム・マネジメント実現への戦略と実践』（ぎょうせい）、『ワークショップ型教員研修　はじめの一歩』『子どもと教師の未来を拓く総合戦略55』（教育開発研究所）など。

吉冨芳正（よしとみ・よしまさ）　明星大学教授
文部科学省教育課程課学校教育官、千葉県富里市教育委員会教育長、国立教育政策研究所総括研究官を経て現職。学習指導要領や指導要録の改訂、学校週5日制の導入等に携わる。専門は教育課程論、カリキュラム・マネジメント、教育課程行政。日本学校図書館学会会長、日本カリキュラム学会会員、文部科学省「カリキュラム・マネジメント・アドバイザー」「これからの時代に求められる資質・能力を育むためのカリキュラム・マネジメントの在り方に関する調査研究事業」検討会議委員などを歴任。編著書に『これからの教育課程とカリキュラム・マネジメント』『現代教育課程入門』『新教科誕生の軌跡―生活科の形成過程に関する研究』など。

西岡加名恵（にしおか・かなえ）　京都大学大学院教育学研究科教授
イギリス・バーミンガム大学にて、Ph.D.（Ed.）取得。鳴門教育大学講師を経て、現職。専門は教育方法学（カリキュラム論、教育評価論）。日本学術会議第26期会員。日本教育方法学会（理事）、日本カリキュラム学会（理事）、教育目標・評価学会（代表理事）などに所属。文部科学省中央教育審議会教育課程部会臨時委員など。単著に『教科と総合学習のカリキュラム設計』（図書文化）、共編著に『新しい教育評価入門』（有斐閣）、『子どもたちの「今」を輝かせる学校づくり』（日本標準）など。

執筆者一覧
（執筆順）

田村　知子	前掲
西岡加名恵	前掲
奥村　好美	京都大学大学院准教授
中川　斉史	徳島県東みよし町立昼間小学校校長
八釼　明美	愛知県知多市立旭東小学校教頭
前田　康裕	熊本大学大学院特任教授
柳沼　良太	岐阜大学大学院教授
荒巻　恵子	帝京大学大学院教授
臼井　智美	大阪教育大学教授
村川　雅弘	前掲
天笠　茂	千葉大学名誉教授
陸奥田維彦	大阪教育大学特任教授
野口　徹	山形大学教授
吉冨　芳正	前掲
所　浩子	堺市立八田荘西小学校校長
二ノ倉　直	大阪府吹田市立第三中学校教諭
江口　慎一	愛知県西尾市立佐久島しおさい学校教諭
石堂　裕	兵庫県たつの市立龍野小学校教頭
鷲見　佐知	岐阜市立草潤中学校校長
小野太恵子	大阪市立田島南小学校教諭
北村　恭崇	大阪学園大阪高等学校教頭
今村　耕平	兵庫県立農業高等学校教諭
荒川　文雄	福島県棚倉町教育委員会教育長

（2023年12月現在）

子どもと教師の
ウェルビーイングを実現する
カリキュラム・マネジメント

令和6年4月5日　第1刷発行

編著者　**田村知子・村川雅弘・吉冨芳正・西岡加名恵**

発　行　**株式会社 ぎょうせい**

〒136-8575　東京都江東区新木場1-18-11
URL：https://gyosei.jp

フリーコール　0120-953-431

ぎょうせい　お問い合わせ　検索　https://gyosei.jp/inquiry/

〈検印省略〉

印刷　ぎょうせいデジタル株式会社　　　　　　　©2024　Printed in Japan
※乱丁・落丁本はお取り替えいたします。
ISBN978-4-324-11378-3
(5108930-00-000)
〔略号：学校ウェルビーイング〕